기도와 영성의 현장으로

일상에서 성인들의 영성 살기
기도와 영성의 현장으로

2010년 9월 13일 교회 인가
2011년 1월 31일 초판 1쇄 펴냄

지은이 · 심흥보
펴낸이 · 정진석
펴낸곳 · 가톨릭출판사
편집 겸 인쇄인 · 홍성학
편집장 · 송향숙, 편집 · 이현주
내지 디자인 · 고연희, 표지 디자인 · 양자선

본사 · 서울특별시 중구 중림동 149-2
지사 · 경기도 파주시 조리읍 오산리 400-8 프린팅파크 內
등록 · 1958. 1. 16. 제2-314호
전화 · 1544-1886(대)
　　　070-8233-8221(영업국)
지로번호 · 3000997

ISBN 978-89-321-1215-2　03230

값 7,500원

인터넷 가톨릭서점 http://www.catholicbook.kr
명동대성당 서적성물센터 (02)776-3601, 3602/ FAX (02)776-1019
가톨릭회관 서적성물센터 (02)777-2521/ FAX (02)777-2520
서초동성당 서적성물센터 서초지점 070-8234-1880
서울성모병원 가톨릭 플러스 (02)2258-6439, 070-7757-1886/ FAX (02)392-9252
미주지사 (323)734-3383/ FAX (323)734-3380

가톨릭의 모든 도서와 성물을 '인터넷 가톨릭서점'에서 만나 보실 수 있습니다.

이 도서의 국립중앙도서관 출판시도서목록(CIP)은 e-CIP홈페이지(http://www.nl.go.kr/ecip)
에서 이용하실 수 있습니다. (CIP제어번호: CIP2011000121)

성경 ⓒ 한국천주교중앙협의회, 2005
현대의 복음 선교 ⓒ 한국천주교중앙협의회, 2006
교회의 선교 사명 ⓒ 한국천주교중앙협의회, 2007

일상에서 성인들의 영성 살기

기도와 영성의 현장으로

심흥보 지음

가톨릭출판사

이 책을 교회의 선교 사명에 헌신하는 평신도, 수도자, 성직자와 이 땅에 새로운 가정을 꾸리고 새 삶을 시작하는 다문화 가정을 위해 봉헌합니다.

추천의 말

우리는 가톨릭 영성의 진수를 간직하고 있다고 자부하고 있습니다. 그런데 막상 우리의 삶을 되돌아보면 정작 언제 어느 때 그리스도교 영성을 살고 있는지 의아해하지 않을 수 없습니다. 현대 세상에 만연한 물질 만능주의와 무한 경쟁으로 뒤얽혀 버린 사회 속에서 영성의 부재를 우려하는 목소리가 교회 안팎에서 들리고 있습니다. 하지만 그리스도교 영성의 깊은 의미와 가치를 심어 주는 구체적인 교육 과정이나 적절한 프로그램을 찾기 힘든 것이 현실입니다.

그리스도교 영성은 지금 이 땅에서 하늘나라의 완성을 향해 순례하고 있는 우리 교회의 정신이요, 문화요 생활 양식입니다. 또한 그리스도교 영성은 우리를 주님의 제자로 만들고, 우리가 몸담고 있는 이 사회를 하늘나라로 변화시키는 원동력입니다.

이번에 심흥보 신부님이 '일상에서 성인들의 영성 살기'라는 주제로 《기도와 영성의 현장으로》라는 제하의 책을 펴냈습니다. 성 베드로 사도와 성 바오로 사도에서부터 선종완 신부에 이르기까지 성인들과 영성가들의 영성을 주제별로 나누고, 그 특징과 후대에 미친 영향을 돌아보며, 그 내용을 오늘 우리의 현실에 맞춰 살도록 하는 시도가 돋보입니다.

  심흥보 신부님의 이러한 시도를 기쁜 마음으로 축하합니다. 아울러 신자들이 이 책을 통해 조금이나마 그리스도교 영성을 맛보고 일상에서 실현함으로써, 그리스도인으로서의 정체성을 굳건히 하고 현대 사회에 그리스도교 영성과 문화를 전파하기를 바라며, 앞으로 심 신부님의 여러 저술을 기대해 봅니다.

2010년 4월 25일, 성소 주일에
천주교 서울대교구장
정진석 추기경

이 책으로 기도하기

1. 성령 청원 기도

(혼자 또는 여럿이 교송으로 '성령 청원 기도'를 바친다.)

오소서, 성령님. 저희 마음을 성령으로 가득 채우시어
저희 안에 사랑의 불이 타오르게 하소서.
주님의 성령을 보내소서. 저희가 새로워지리이다.
또한 온 누리가 새롭게 되리이다.
기도합시다. 하느님, 성령의 빛으로 저희 마음을 이끄시어 바르게 생각하고 언제나 성령의 위로를 받아 누리게 하소서. 우리 주 그리스도를 통하여 비나이다. 아멘.

2. 현장에서

현재 자신과 자신을 둘러싼 주변의 문제점을 살펴본다.
세상 사람들이 어떻게 생각하고 살아가는지, 세상 사람들의 가치관과 사고방식 및 생활 방식이 그리스도교 복음과 어떻게 다른지 생각해 본다.

3. 영성 말씀

그리스도를 따라 이 땅에 '하느님 나라'라는 새로운 세상을 만들어가신 성인과 영성가들의 말씀을 들으며, 그 말씀이 자신의 삶에 어떤 의미를 가지는지 되새긴다.

4. 생애와 영성

시대별과 주제별로 나뉜 성인과 영성가들의 생애와 영성을 연구하며, 그분들이 그 시대에 어떤 역할을 했고, 그 사회에 어떤 영향을 끼쳤는지, 그리고 그 영성적인 가르침이 그리스도교 신앙 안에서 어떤 의미를 지니는지 익힌다(특별히 마음에 와 닿는 성인이나 영성가들에 대해 더 자세히 알려면 해당 성인의 저술이나 관련 수도회의 연구 자료를 참고한다.).

5. 영성 살기

- 영성 살기를 묵상하면서, 주님을 사랑하여 주님을 따르고 싶은 열망을 간직한다.
- 성인과 영성가들의 영성을 오늘에 되살기 위해서는 어떻게 해야 할지 고민한다.
- 성인과 영성가들의 영성을 살기 위해 필요한 방법이 무엇인지 알아낸다.
- 그중에서 자신이 실천 가능한 가장 적절한 방법이 무엇인지를 찾아 결심하고 실천한다.

6. 마침 기도

- 주님께서 이러한 기회를 갖도록 허락해 주신 데 대해 감사드리며, 새로운 삶으로 이끌어 줄 영적인 길을 다시 한 번 되새긴다.
- 주님께서 자신이 결심한, 새로운 영적인 삶을 허락해 주시길 청한다.
- 주님께서 자신의 결심을 이룰 수 있도록 힘을 북돋아 주시고 이끌어 주시도록 기도한다.
- 결심을 하나씩 하나씩 이루어 나가면서, 실천을 가능하게 해 주신 주님께 감사의 기도를 바친다.

(아래의 기도를 바치며 끝마칠 수 있다.)

저희 안에 계시면서 저희에게 주님께서 원하시는 일이 무엇인지를 알려 주시고, 그 일을 하고자 하는 열망을 불러일으켜 주시어 실제로 그 일을 할 수 있도록 힘을 주시는 주님!

저희가 주님의 뜻을 깨우쳐 알게 하소서.

주님의 탄생에서 겸손을,

주님의 공생활에서 사랑을,

주님의 성체 성사에서 봉헌을,

주님의 십자가 상 제사에서 희생을,

주님의 부활에서 하늘나라의 영광을,

주님의 승천에서 희망을,

성령 강림에서 그리스도교 사도직을 체득하게 하소서.

저희가 살면서 예상치 못한 일을 겪을 때마다, 주님의 말씀과 교회의 전승을 통해 주님의 뜻을 헤아려, 일상에서 그 뜻을 실천하게 하소서.

저희가 하고자 하는 일이 주님의 뜻 안에 있게 하시고, 저희의 뜻을 정화시켜 주님의 뜻과 하나 되게 하소서. 그리하여 저희가 머무는 가정과 사회에서 주님의 뜻을 이루어, 이 땅에 하늘나라를 이루고, 주님께 찬미와 영광을 드리게 하소서.

주님의 성인 성녀님,

주님을 뵈옵고 주님의 뜻을 이루려는 저희의 열망과 열정이 저희의 나약과 부족으로 그치지 않고 마침내 열매를 맺을 수 있도록 전구해 주소서. 주님은 세세에 영원히 살아 계시고 다스리시나이다. 아멘.

천주의 성모님, 저희를 위하여 빌어 주소서.

성 (   ), 저희를 위하여 빌어 주소서.

(주님의 기도, 성모송, 영광송)

머리말

저는 '어떻게 하면 신자들이 그리스도교 영성을 이해하고 체험하여 일상에서 실현시킴으로써 주님께서 주시는 위안과 평화를 누리며 행복하게 살 수 있을까?' 하고 고민해 오다가, '일상에서 성인들의 영성 살기'라는 영성 프로그램을 만들게 되었습니다. 이《기도와 영성의 현장으로》라는 제하의 책은 그리스도교 전승 속에 녹아 있는 성인들과 영성가들의 기도와 영성을 살펴보고, 그 영성을 현대인들의 일상에서 구현할 수 있도록 하기 위한 영성 프로그램입니다.

이 과정은 홀로 할 수도 있고, 몇몇이 함께, 소그룹이나 소공동체, 단체 등에서 서로 의지하고 북돋으면서 진행할 수 있습니다. 먼저 성령의 인도하심을 청하는 성령 청원 기도를 바치고, 우리 삶의 **현장에서** 제기되는 여러 가지 목소리들을 문제로 삼고, 그에 대한 성인과 신비 영성가의 **영성 말씀**을 문제의 열쇠로 들며, 그분들의 가르침을 **생애와 영성**을 통해 익혀, 우리의 일상에서 그 **영성을 살기** 위한 방안을 모색하고 실천하도록 하였습니다.

성인과 영성가들의 자료는 박재만 신부님의《영성의 대가들 상·하》와 각 수도회의 홈페이지 그리고 이 책의 뒷부분에 소개한 참고 문헌을 바탕으로 원고를 작성하고 관련 수도회에 이메일로 원고를 보내 그 내용을 조율했습니다. 여기에 그분들의 이름을 한 분씩 기록하지는 않았지만 직간접적으로 자료를 제공해 주시고 원고 검토 및 조언을 해 주시며 부족한 부분을 채워 주신 분들께 지면으로나마 감사드립니다. 참고로 그분들의 원의대로 여기에 표기된 성인과 신비 영성가들과 관련된 외래어는 수도회의 표기 방법을 따랐음을 알려 드립니다. 아울러 성인과 영성가들에 대해 여기에 짧게 소개된 내용만으로는 영성의 그윽한 깊이를 온전히 맛볼 수 없습니다. 이 책을 보다가 자신의 마음에 와 닿는 성인이나 영성가의 영성을 제대로 살고 싶으신 분들은 해당 성인과 영성가의 저술과 연구 서적을 찾아 읽고 그 영성을 깊이 깨달아 심취하여 자신의 영적 성장을 도모함으로써 영성 생활을 풍요롭게 하길 바랍니다.

끝으로 새로워져야겠다는 마음을 불러일으켜 준 이 책이 영적 갈증으로 목말라하는 현대인들에게 조그만 물꼬가 되어 그리스도교 영성의 대중화에 일조하기를 바랍니다. 그리고 이 글의 영성적인 풍요를 보태 주시기 위해 귀한 사진을 보내 주신 유영훈 신부님과 바쁜 사목 활동 중에서도 이 원고를 꼼꼼히 읽어 주시고 조언을 해 주신 라병국·김귀웅·홍상표 신부님과 강 디모테아·심 가타리나 수녀님, 출판해 주신 가톨릭출판사 홍성학 신부님과 임직원들께 깊은 감사를 드립니다.

2010년 4월 4일, 부활대축일에
가톨릭 교리 신학원에서
심흥보 신부

이 책으로 기도하기

1. 성령 청원 기도

(혼자 또는 여럿이 교송으로 '성령 청원 기도'를 바친다.)
오소서, 성령님. 저희 마음을 성령으로 가득 채우시어
저희 안에 사랑의 불이 타오르게 하소서.
주님의 성령을 보내소서. 저희가 새로워지리이다.
또한 온 누리가 새롭게 되리이다.
기도합시다. 하느님, 성령의 빛으로 저희 마음을 이끄시어 바르게 생각하고 언제나 성령의 위로를 받아 누리게 하소서. 우리 주 그리스도를 통하여 비나이다. 아멘.

(또는 아래의 기도를 바쳐도 된다.)
오소서　성령이여　창조주시여
신자들　마음속을　찾아주시어
당신이　창조하신　우리가슴을
천상의　은총으로　채워주소서.

당신의　그이름은　위로자시니
높으신　하느님의　선물이시요

생명의　샘이시며　불이시옵고
사랑과　신령하신　기름이외다.

당신이　일곱은사　베푸시오니
하느님　아버지의　오른손가락
성부의　언약대로　내려오시어
우리입　말솜씨로　채워주시네.

빛으로　우리오관　비춰주시고
그사랑　우리맘에　부어주시며
영원한　능력으로　도와주시어
연약한　우리육신　굳게하소서.

원수를　멀리멀리　쫓아주시고
언제나　당신평화　내려주소서
앞장서　이끄시는　당신손길에
해로운　모든것을　피하리이다.

성령의　힘을입어　성부를알고
성자도　그힘으로　알게하소서
성부와　성자께로　좇아나시는
성령을　우리항상　믿으오리다. 아멘.

2. 현장에서

현재 자신과 자신을 둘러싼 주변의 문제점을 살펴본다.

세상 사람들이 어떻게 생각하고 살아가는지, 세상 사람들의 가치관과 사고방식 및 생활 방식이 그리스도교 복음과 어떻게 다른지 생각해 본다.

3. 영성 말씀

그리스도를 따라 이 땅에 '하느님 나라'라는 새로운 세상을 만들어 가신 성인과 영성가들의 말씀을 들으며, 그 말씀이 자신의 삶에 어떤 의미를 가지는지 되새긴다.

4. 생애와 영성

시대별과 주제별로 나눈 성인과 영성가들의 생애와 영성을 연구하며, 그분들이 그 시대에 어떤 역할을 했고, 그 사회에 어떤 영향을 끼쳤는지, 그리고 그 영성적인 가르침이 그리스도교 신앙 안에서 어떤 의미를 지니는지 익힌다(특별히 마음에 와 닿는 성인이나 영성가들에 대해 더 자세히 알려면 해당 성인의 저술이나 관련 수도회의 연구 자료를 참고한다.).

5. 영성 살기

- 영성 살기를 묵상하면서, 주님을 사랑하여 주님을 따르고 싶은 열망을 간직한다.
- 성인과 영성가들의 영성을 오늘에 되살기 위해서는 어떻게 해야

할지 고민한다.
- 성인과 영성가들의 영성을 살기 위해 필요한 방법이 무엇인지 알아낸다.
- 그중에서 자신이 실천 가능한 가장 적절한 방법이 무엇인지를 찾아 결심하고 실천한다.

6. 마침 기도
- 주님께서 이러한 기회를 갖도록 허락해 주신 데 대해 감사드리며, 새로운 삶으로 이끌어 줄 영적인 길을 다시 한 번 되새긴다.
- 주님께서 자신이 결심한, 새로운 영적인 삶을 허락해 주시길 청한다.
- 주님께서 자신의 결심을 이룰 수 있도록 힘을 북돋아 주시고 이끌어 주시도록 기도한다.
- 결심을 하나씩 하나씩 이루어 나가면서, 실천을 가능하게 해 주신 주님께 감사의 기도를 바친다.

(아래의 기도를 바치며 끝마칠 수 있다.)

저희 안에 계시면서 저희에게 주님께서 원하시는 일이 무엇인지를 알려 주시고, 그 일을 하고자 하는 열망을 불러일으켜 주시어 실제로 그 일을 할 수 있도록 힘을 주시는 주님!

저희가 주님의 뜻을 깨우쳐 알게 하소서.

주님의 탄생에서 겸손을,

주님의 공생활에서 사랑을,

주님의 성체 성사에서 봉헌을,
주님의 십자가 상 제사에서 희생을,
주님의 부활에서 하늘나라의 영광을,
주님의 승천에서 희망을,
성령 강림에서 그리스도교 사도직을 체득하게 하소서.

저희가 살면서 예상치 못한 일을 겪을 때마다, 주님의 말씀과 교회의 전승을 통해 주님의 뜻을 헤아려, 일상에서 그 뜻을 실천하게 하소서.

저희가 하고자 하는 일이 주님의 뜻 안에 있게 하시고, 저희의 뜻을 정화시켜 주님의 뜻과 하나 되게 하소서. 그리하여 저희가 머무는 가정과 사회에서 주님의 뜻을 이루어, 이 땅에 하늘나라를 이루고, 주님께 찬미와 영광을 드리게 하소서.

주님의 성인 성녀님,

주님을 뵈옵고 주님의 뜻을 이루려는 저희의 열망과 열정이 저희의 나약과 부족으로 그치지 않고 마침내 열매를 맺을 수 있도록 전구해 주소서. 주님은 세세에 영원히 살아 계시고 다스리시나이다. 아멘.

천주의 성모님, 저희를 위하여 빌어 주소서.

성 (   ), 저희를 위하여 빌어 주소서.

(주님의 기도, 성모송, 영광송)

추천의 말…7
머리말…9
이 책으로 기도하기…11

제1부

1. 복음을 선포하지 않는다면 나는 불행할 것입니다…23
   선교 – 성 베드로 사도(+64년경), 성 바오로 사도(+67년경)

2. 기도하며 일하라…27
   수도 공동체 – 성 아우구스티노(354~430), 성 베네딕토(480?~547?)

3. 주님, 찬미와 영광을 받으소서…31
   순회 설교 – 성 도미니코(1170~1221), 성 프란치스코(1181/1182~1226)

4. 나는 오늘, 자네는 내일 죽네…35
   정의 실현 – 성 토마스 모어(1477~1535)

5. 하느님의 더 큰 영광을 위하여…39
   영신 수련 – 성 이냐시오 로욜라(1491~1556)

6. 육을 통하여 영으로…43
   환대 – 천주의 성 요한(요한 시데다, 1495~1550)

제2부

7. 교회의 심장 안에서 사랑이 되겠습니다…49
   관상 기도 – 예수의 성녀 데레사(1515~1582)
   　　　　　　십자가의 성 요한(1542~1591)
   　　　　　　아기 예수의 성녀 데레사(1873~1897)

8. 가난한 이들은 우리의 주인입니다…53
   빈민 구제 – 성 빈첸시오 아 바오로(1581~1660)

9. 작은 일에 충실, 파스카의 신비가 나의 삶이 되기를…57
   본당 여아 교육 – 루이 쇼베(1664~1710)
   　　　　　　　클로드 마레쇼(1683~1702)와 세 동료들

10. 천국에서 다시 만납시다…61
    가정 성화 – 성 유중철 요한(1779~1801), 성녀 이순이 루갈다(1782~1802)

11. 모든 것을 하느님께 바라는 가난…65
    노인 사목 – 성녀 잔 쥬강(1792~1897)

12. 임금보다는 천주께 복종합니다…69
    순교 – 성 정하상 바오로(1795~1839), 성녀 강완숙 골롬바(1760~1801)

제3부

13. 한 사람의 영혼을 위하여 … 75
위로 – 성녀 마리 유프라시아(1796~1868), 가경자 메리 포터(1847~1913)

14. 젊다는 이유 하나만으로도 사랑받기에 충분하다 … 79
청소년 사목 – 성 요한 보스코(1815~1888)

15. 좋으실 대로 하십시오 … 83
의탁과 헌신 – 샤를르 드 푸코(1858~1916)

16. 오메가 포인트를 향하여 … 87
과학과 신앙 – 테야르 드 샤르댕(1881~1955)

17. 평신도를 선두로 … 91
평신도 양성 – 조셉 까르댕(1882~1955)

18. 사회 커뮤니케이션 수단을 통해 복음을 전하라 … 95
대중 매체 – 복자 야고보 알베리오네(1884~1971)

제4부

19. 사랑으로 자신을 희생한 그리스도를 본받자 … 101
교회 공동체 건설 – 목이세(요안 에드워드 모리스, 1889~1987)
남대영(루이 델랑드, 1895~1972)

20. 점성 정신과 침묵 대월로 면형 무아를 이루자 … 105
비움과 일치 – 방유룡 안드레아(1900~1986)

21. 인보 정신으로 행복하게 살자 … 109
인보와 행복 – 윤을수 라우렌시오(1907~1971)

22. 낮은 자리로 내려가라 … 113
강생 – 성재덕(피에르 생제르, 1910~1992)

23. 목마르다 … 117
이웃 사랑 – 마더 데레사(아녜스 곤히아 브약스히야, 1910~1997)
소재건(알로이시오 슈월츠, 1930~1992)

24. 겸손하고 가난하게 하느님 사랑을 살아라 … 121
겸손과 가난 – 선종완 라우렌시오(1915~1976)

참고 문헌 … 125

제1부

너희는 먼저 하느님의 나라와
그분의 의로움을 찾아라.

(마태 6,33)

1
복음을 선포하지 않는다면
나는 불행할 것입니다

선교 – 성 베드로 사도(+64년경), **성 바오로 사도**(+67년경)

현장에서

어떤 사람들은 먹고 살기 바쁜데, '무슨 복음을 선포해야 하느냐'고 묻는다. 그리고 선교를 남의 일처럼 여긴다.

영성 말씀

예수님을 하느님께서 다시 살리셨고 우리는 모두 그 증인입니다. 그러므로 이스라엘 온 집안은 분명히 알아 두십시오. 하느님께서는 여러분이 십자가에 못 박은 이 예수님을 주님과 메시아로 삼으셨습니다(사도 2,32.36).

– 성 베드로 사도

무엇이 우리를 그리스도의 사랑에서 갈라놓을 수 있겠습니까? 환

난입니까? 역경입니까? 박해입니까? 굶주림입니까? 헐벗음입니까? 위험입니까? 칼입니까? 우리는 우리를 사랑해 주신 분의 도움에 힘입어 이 모든 것을 이겨 내고도 남습니다. 나는 확신합니다. 죽음도, 삶도, 천사도, 권세도, 현재의 것도, 미래의 것도, 권능도, 저 높은 곳도, 저 깊은 곳도, 그 밖의 어떠한 피조물도 우리 주 그리스도 예수님에게서 드러난 하느님의 사랑에서 우리를 떼어 놓을 수 없습니다(로마 8,35.37.39).

― 성 바오로 사도

생애와 영성

베드로 사도는 갈릴래아 지방 벳사이다 출신으로 요한의 아들 시몬으로 불리었다. 시몬은 예수님께 "스승님은 살아 계신 하느님의 아드님 그리스도이십니다."(마태 16,16)라는 신앙 고백으로 예수님에게서 '케파' 곧 '베드로'라는 이름을 얻었다. 예수님께서 승천하신 후 베드로는 예루살렘 교회의 책임자가 되어 복음을 선포하고 교회를 이끌었으며, 마지막에는 주님의 뒤를 이어 십자가에 거꾸로 매달려 순교했다.

그는 주님을 그리스도로 믿고 사랑했으며, 주님을 위해서라면 목숨까지 바치겠다고 다짐하며 살았다. 그러나 그는 나약하고 부족한 인간성 때문에, 자주 유혹에 빠지고 주님을 모른다고 외면까지 했지만, 늘 자신의 잘못을 깨닫고 주님께 되돌아와 매달렸고, 주님께서는 그

때마다 베드로를 받아 주셨으며 그에게 주님의 교회를 맡기셨다.

유다교 정통 교육을 받았던 바오로 사도는 그리스도교를 박해하러 가다가 다마스쿠스에서 주님을 뵈옵고, 소아시아(현 터키와 그리스)를 거쳐 로마까지 이르는 이방 선교에 한생을 바치고 로마에서 순교했다.

그는 천막을 짜는 일을 하면서 복음을 전했으며, 복음을 전하지 않는다면 자신은 참으로 불행할 것이라고 했다. 그는 주 예수 그리스도에 대한 사랑으로 갖은 역경과 고난을 겪었고, 심지어는 감옥에 투옥되면서까지도 지치지 않는 열정으로 꾸준히 복음을 전하였다.

주님께서는 그와 함께하시면서 그에게 힘을 북돋아 주셨으며, 그의 이방 선교 활동을 꽃피게 해 주셨다.

영성 살기

바오로 6세 교황은 《현대의 복음 선교》에서 '복음 선교는 그리스도를 알리고 세례를 주는 것에 그치지 않고'(17항), "하느님의 말씀과 구원 계획에 상반되는 인간의 판단 기준, 가치관, 관심 사항, 사고방식, 영감의 원천, 생활 양식 등에 복음의 힘으로 영향을 미쳐 그것들을 역전시키고 바로잡는 데 있다."(19항)라고 했다. 그래서 '문화의 복음화도 필요하다'(20항)고 했다.

요한 바오로 2세 교황은 《교회의 선교 사명》에서 복음화는 교회가 인간과 전 인류에게 기여할 수 있는 가장 중요한 공헌이며(2항), "선교는 믿음의 문제이며 그리스도와 우리에 대한 그분의 사랑을 믿는 우리 믿음의 정확한 지표"(11항)라고 했다. 그리고 선교를 비그리스도인에 대한 선교, 그리스도인들을 위한 사목적 배려, 더 이상 그리스도인이라고 할 수 없는 사람들을 위한 새로운 복음화, 즉 재복음화로 나누었다(33항).

선교 방법에서는 실천을 통한 증거와 부활하신 예수님의 복음 선포, 그리스도교적인 회개와 세례, 지역 교회 설립, 복음화의 힘인 기초 교회 공동체 육성, 복음과 민족 문화와의 융합, 타종교인들과의 대화, 양심 교육을 통한 인간 발전, 가난한 사람들에 대한 사랑의 실천을 선교의 아홉 가지 방법으로 잡았다. 그중 "주교들과 주교회의들이 사목 활동의 우선 과제로 추진하고 있는 기초 교회 공동체는 가정이나 그와 비슷한 한정된 환경에서 함께 모여 기도하고 성경을 읽으며 교리를 공부하고 인간과 교회 문제들을 공동 노력으로 해결하고자 토론하는 그리스도인 모임"이라고 정의했다. 그리고 "이런 공동체들은 교회 안에서 활력의 표지이고, 신자 양성과 복음화의 도구이며, '사랑의 문화'에 바탕을 둔 새로운 사회의 출발점"(51항)이라고 했다.

나는 그리스도의 말씀을 살고 있는가?
나는 그리스도의 말씀을 전하기 위해 무엇을 어떻게 하는가?

2
기도하며 일하라

수도 공동체 - 성 아우구스티노(354~430), 성 베네딕토(480?~547?)

현장에서

어떤 사람들은 하느님께서 무엇을 어떻게 하기를 바라시는지 생각해 보지도 않고, 그저 열심히 일만 하면 된다고 생각한다. 그러다가 일이 잘 안 풀리거나 사람들에게 상처를 받으면 실망하고 하느님을 떠나 버린다. 또 적절한 영적 힘이나 위로도 받지 못한 채 자신도 모르게 힘에 부쳐 포기해 버리거나 지쳐서 쓰러지기도 한다.

영성 말씀

친애하는 형제들이여, 무엇보다 먼저 하느님을 사랑하고 이웃을 사랑할 것이니, 이는 우리에게 주어진 첫째가는 계명들이기 때문이다. 너희가 함께 모여 사는 첫째 목적은 한마음과 한뜻으로 화목하게 살며 하느님께로 나아가는 데 있는 것이다.

- 성 아우구스티노

서로 존경하기를 먼저 하고, 육체나 품행상의 약점들을 지극한 인내로 참아 견디며, 서로 다투어 순종하고, 아무도 자기에게 이롭다고 생각되는 것을 따르지 말고 오히려 남에게 이롭다고 생각하는 것을 따를 것이며, 형제적 사랑을 깨끗이 드러내고, 하느님을 사랑하여 두려워할 것이며, 자기 아빠스를 진실하고 겸손한 애덕으로 사랑하고, 그리스도보다 아무것도 더 낫게 여기지 말 것이니, 그분은 우리를 다 함께 영원한 생명으로 인도하실 것이다.

― 성 베네딕토

생애와 영성

354년 누미디아(북아프리카)에서 태어난 아우구스티노는 18세에 키케로의 《호르텐시우스*Hortensius*》를 읽고 지혜에 대한 사랑에 빠져 수사학 교수가 되고자 했다. 그러던 중 사막의 성인 안토니오의 이야기를 듣고, 로마서 13장 13~14절을 읽은 그는 회심하여, 387년 부활 성야에 밀라노의 주교 암브로시오에게 세례를 받았다. 그 후 아프리카로 돌아가 수도 공동체를 세워 주님의 말씀을 묵상하고 기도와 단식과 선행에 전념했다. 391년 사제품을 받은 뒤, 주교좌성당 옆에 수도원을 세우고 수도 생활을 계속했다. 395년 히포의 보좌 주교가 되었고, 397년 발레리오 주교가 세상을 떠나자 교구장 주교가 되어 430년 세상을 떠날 때까지 히포의 주교로 주님과 교회에 헌신했다.

그는 가진 것을 모두 팔아서 가난한 사람들에게 다 나누어 주고, 필요한 것은 공동으로 사용하는 '가난'과 모든 이들의 종이 되는 '섬김' 그리고 양들을 위해 목숨을 바치신 예수 그리스도처럼 자신의 목숨을 바치는 '사랑'으로 살아야 한다고 가르쳤다.

서방 수도 생활의 사부인 베네딕토는 수도회 형제들과 같이 살면서 규칙을 지키며 함께 기도하고 일하며 하느님을 찾고자 했다. 그는 겸손과 순종을 통하여 하느님께 나아가도록 사람들에게 독려했다.
  성인은 사람들에게 중용과 절제의 정신을 갖추어야 한다고 강조하였다. 또한 당시 일정한 거처 없이 돌아다니던 떠돌이 (순례) 수도자들과는 달리 한 곳에 정주하며 봉쇄와 침묵 속에서 변함없는 마음으로 견실한 수도 생활을 해야 한다고 가르쳤다. 그는 수도승들을 위한 규칙서를 써서 수도승들이 수도 생활과 일상생활의 조화를 이루며 공동 수도 생활을 하도록 안내했다.

영성 살기

  우리의 노력이 결실을 맺고 꾸준히 힘 있게 일할 수 있으려면 하느님께 기도해야 한다. 기도 중에 우리는 하느님께서 내가 무엇을 어떻게 하기를 원하시는지 깨닫고, 하느님께서 열매를 맺어 주시도록 우리의 의지와 결심을 봉헌한다. 그리고 그 일을 수행할 영적 힘을 받으며, 우리의 정성과 노력을 모아 열매를 맺게 해 주신 하느님께 감사드린다. 이것이 우리가 기도 중에 하는 일이다.

지금 내가 겪고 있는 일을 통해 하느님께서는 나에게 무엇을 말씀하고자 하시는가?
하느님께서는 내가 이 일을 어떻게 헤쳐 나가길 바라시는가?
기도 중에 주님의 뜻을 청하고, 주님의 위로를 받으며 우리가 열매를 맺을 수 있도록 청하며, 정성과 노력을 다하자.

3
주님, 찬미와 영광을 받으소서

순회 설교 – 성 도미니코(1170~1221), 성 프란치스코(1181/1182~1226)

현장에서

어떤 사람들은 하느님의 사랑을, 남보다 먼저, 남보다 많이 갖고, 남보다 높아지고 싶은 인간의 욕구를 채워 줄 원동력이요, 도움이라고 여긴다. 그래서 일이 잘되면 하느님께서 자신의 기도를 들어주셨다고 생각하고, 자신을 사랑하신다고 여긴다. 이와 반대로 일이 잘 풀리지 않으면 하느님이 자신을 사랑하지 않는다고 여기기도 한다.

영성 말씀

사랑과 지혜가 있는 곳에 두려움도 무지도 없습니다.
인내와 겸손이 있는 곳에 분노도 흥분도 없습니다.
기쁨과 더불어 가난이 있는 곳에 탐욕도 욕심도 없습니다.
고요와 묵상이 있는 곳에 근심도 분심도 없습니다.
"자기 집을 지키기 위하여"(루카 11,21) 주님께 대한 경외심이 있는 곳에 원수가 침입할 틈이 없습니다.
자비심과 깊은 사려가 있는 곳에 경박도 고집도 없습니다.

- 성 프란치스코

생애와 영성

이단들이 난무했던 12세기, 스페인의 도미니코는 여행 도중 프랑스에서 이단에 빠진 여관 주인과 밤새 논쟁을 하다가 자신의 성소를 깨달았다. 성인은 주님을 모르는 사람들, 참된 신앙에서 멀어진 이들에게 복음을 전하고자 하는 열망을 간직하게 되었다. 그는 사도적 열정을 다 쏟아 가며 하느님의 말씀을 설파하며 선교했고, 말로만이 아니라 실제로 가난하게 살면서 복음을 선포했기 때문에 그의 설교는 힘이 있었다.

그는 기도하면서 설교의 힘을 얻었고, 이에 합류한 이들이 늘어나 수도회가 생겨났다. 그는 모든 사람을 구원하기 위해 '복음'을 전하고, '진리'를 찾고 다른 이들과 가진 것을 나누고자 봉사하였으며, 주님과 '교회'에 대한 사랑으로 설교했다.

같은 시기, 이탈리아의 프란치스코는 거룩한 복음의 양식에 따라, 자신의 모든 소유를 가난한 이들과 나누고, 노동과 애긍(구걸)을 통해 최소한의, 검소한 생활을 하며, 가장 낮은 자, 가장 천한 자로 자신을 낮춰 모든 이에게 순종하는 '작은 자'의 삶을 선택했다. 그는 주님을 따라 자발적으로 가난을 선택하면 자유를 얻게 되고, 스스로 작은 자임을 인정할 때 겸손하게 되어 참된 평화와 기쁨을 누리게 된다고 여겼다. 그는 인간관계에서뿐만 아니라 태양이나 달, 동물, 물고기 같은 자연의 모든 피조물과도 사랑을 나누며 살았다.

성인은 '작은 형제회'원들에게 '순종하며 소유 없이 정결하게 살면서 우리 주 예수 그리스도의 발자취를 따르는 것'을 생활 양식으로 삼고, 영광의 그리스도의 모습보다는 '가난하고 겸손하며 십자가에 못 박히신 그리스도'의 모습을 닮아 회개하여, 하느님 나라를 건설하라고 당부했다.

영성 살기

사람들 중에는 자기 자신에게 만족하지 못하는 경우가 있다. 그리고 하느님께서 자신에게 주신 장점이나 소질을 발견하지 못하고, 다른 사람의 장점과 자신의 단점을 비교하면서 스스로를 왜소하게 여기고 부끄러워하며 힘들게 살아간다.

하느님께서 우리에게 주신 장점이나 소질을 발견하게 된다면, 그리고 자신의 과거를 되돌아보면서 괴롭고 힘든 일만 있었던 것이 아니고 행복했던 시절도 있었으며, 그때는 모르고 지나쳤지만 지금 되돌아보면 그동안 저지른 실수와 잘못에도 불구하고 그때마다 하느님께서 눈감아 주셨으며 용서해 주셨다는 사실을 인식하고, 하느님께서 나와 함께하시며 나를 지켜 주시고 돌보아 주셨다는 사실을 깨닫게 된다면, 우리는 하느님 아버지의 무조건적인 사랑을 강렬하게 체험할 수 있으며, 더 이상 나를 다른 사람과 비교하지 않고 남과 다른 나의 유일한 모습을 볼 수 있게 될 것이다. 그러면 그때 비로소 자신의 삶을 기쁘게 받아들이게 되고, 더 나아가 자기가 받은 하느님의 사랑과 은총을 형제들과 나누게 된다.

하느님께서 주신 내 장점과 소질을 발견하고 개발하고 있는가?
나는 있는 그대로의 나를 기쁘게 받아들이고 있는가?
하느님께서 나를 사랑하신다는 것을 절절히 느끼고 있는가?
지금 내가 돌보아야 할 사람이 있는가? 있다면, 그 사람은 어떤 처지에 있으며, 내게 무엇을 바라는가?
나는 그 사람과 무엇을 어떻게 함께하겠는가?

4
나는 오늘, 자네는 내일 죽네

정의 실현 – 성 토마스 모어(1477~1535)

현장에서

어떤 사람들은 경우에 따라서 어느 정도의 악은 묵인될 수 있다고 생각한다. 그래서 사회악, 필요악, 구조 악이 있다고 여긴다.

영성 말씀

너희들 어느 누구도 기도 중에 잊지 못하는, 사랑이 넘치는 너희 아버지가 한 토막의 숯으로 썼다. …… 자, 이제 종이도 끝이 나니 잘 들 있거라. 우리 주님께서 너희를 항상 참되고 의리 있고 정직한 사람으로 지켜 주시길 빈다.

내가 아무런 거리낌 없이 죽을 수 있을 만큼 모범적으로 살았다고 생각하지는 않는다. …… 하느님께서 내가 죽기를 원하신다면 나의 마지막 시간에 은총과 자비를 내게 거절하지 않으실 하느님의 자비를 청하겠다.

여러분, 나를 위하여 기도해 주십시오. 나도 하느님 나라에서 여러분을 위해 기도할 것입니다. 여러분의 임금을 위해 기도하십시오. 그분이 하느님의 마음에 드는 임금이 되도록 말입니다. 나는 임금의 충실한 신하로 죽습니다. 그러나 나는 임금의 신하이기 전에 하느님의 신하로 죽습니다.

생애와 영성

22세의 나이에 변호사 자격을 취득한 토마스 모어는 1509년 헨리 8세가 즉위하면서 정치 및 외교 능력을 발휘하여 51세에 대법관이 되었다. 그러나 그는 헨리 8세의 이혼과 국왕의 대주교권을 반대함으로써 권력과 재산을 빼앗기고 사형당했다. 그 후 영국에는 가톨릭 교회에서 분리된 성공회가 생겨났다.

토마스 모어는 일상에서 하느님의 은총에 협력하면서 언제 어디서나 하느님을 향해 나아갔고 하느님을 위해 모든 것을 바치겠다는 각오를 다지며 살았다. 그는 세상에 살면서도 세상에 얽매이지 않고 은총 안에서 성화되어 자유롭게 살았다. 또한 그는 가정과 친구, 법질서와 제도를 존중하고 사랑했지만 무엇보다 하느님께 충실한 삶을 살았다. 그가 순교의 영광을 얻을 수 있었던 것은 성실하게 일상을 살면서 성령께 자신을 열었기 때문이다. 은총이 인간 안에서 효율적으로 작용하기 위해서는 인간 성숙이 필요하다. 그리스도인의 삶은 충만한 인간의 삶 자체이기 때문이다.

제2차 바티칸 공의회는《교회 헌장》제5장 '교회의 보편적 성화 소명'에서 모든 그리스도인이 각기 고유한 생활 상태와 조건 속에서도 완전한 성인의 길로 나아갈 수 있고 또 그래야만 한다고 말한다. 평신도의 영성은 세상 안에서, 세상을 통해 하느님께 나아가는 삶이다. 곧, 결혼, 가정, 직업 및 사회생활 안에서의 성성(거룩함)이다. 따라서 기도와 전례, 성사 생활뿐만 아니라 세상의 모든 활동이 성화의 길이며 방법이다.

영성 살기

우리는 종종 '누구는 누구와 가까워서' 또는 '뇌물을 먹여서' 특혜를 받았다거나 조직에서 살아남았다는 소리를 듣기도 한다. 이는 현 사회의 법과 제도보다 인맥과 사리사욕이 만연하기 때문에 빚어지는 결과일 수도 있다. "'예.' 할 것은 '예.' 하고, '아니오.' 할 것은 '아니오.'"(마태 5,37) 하는 것은 마땅하고 옳은 것인데도, 정작 사회에서 그 말을 실천하려면 커다란 용기가 필요하다.

어떤 이에게, 늘 자기 남편에게 술을 마시게 하고 술값을 내게 하는 친구들이 있었다고 한다. 처음에는 그 친구들을 죽도록 미워했다가, "원수를 사랑하여라. 너희를 미워하는 자들에게 잘해 주고, 너희를 저주하는 자들에게 축복하며, 너희를 학대하는 자들을 위하여 기도하여라."(루카 6,27-28)라는 주님의 말씀을 들은 뒤 그 친구들을 위해 기도를 꾸준히 바쳤다고 한다. 그런데 어느 날부터인가 그 친구들이 일이 잘 풀려서 바빠지자, 남편은 그들에게 불려 나가지 않게 되었다는 고백을 했다.

토마스 모어 성인의 전구를 빌며, 나를 괴롭히는 이들 안에 숨어서 활동하는 악에 사로잡혀 나를 괴롭히는 이들을 미워하게 됨으로써, 내 안에 그 악행에 대항하도록 하는 또 다른 악을 품거나 피하거나 타협하지 않고, 마음속에 주님의 사랑을 간직함으로써 악을 이겨 내어 진실하고 건실하게 살자.

오늘 내 일상에서 "네!"라고 주장할 만큼, 내가 살면서 '이것만은 꼭 지키고 산다'고 여기는 신조는 무엇인가?

오늘 내 일상에서 "아니오!"라고 배격해야 할 것이 있다면 무엇인가?

우리를 곤란하게 하고 괴롭히는 이들과 어떤 관계를 맺고 있는가?

5
하느님의 더 큰 영광을 위하여

영신 수련 - 성 이냐시오 로욜라(1491~1556)

현장에서

어떤 사람들은 자신은 기도할 줄 모른다고 생각한다. 기도만 하면 잠이 오고, 이것저것 할 일이 생각나고 마음이 갈라지기 때문에 기도는 몹시 어려운 일이고, 성직자나 수도자가 하는 일이라고 생각한다. 무엇을 어떻게 기도해야 하는가?

영성 말씀

주여, 나를 받으소서.
나의 모든 자유와 나의 기억력과 지력과
모든 의지와 내게 있는 것과
내가 소유한 모든 것을 받아들이소서.
당신이 내게 이 모든 것을 주셨나이다.
주여, 그 모든 것을 당신께 도로 드리나이다.

모든 것이 다 당신의 것이오니,
온전히 당신 의향대로 그것들을 처리하소서.
내게는 당신의 사랑과 은총을 주소서,
이것이 내게 족하나이다.

생애와 영성

16세기 종교 개혁의 대격변기에 이냐시오 로욜라와 '주님 안의 벗들'이라고 부른 그의 동료들은 오로지 하느님만을 섬기려는 열망으로 자신들에 대한 하느님의 뜻을 이냐시오의 '영신 수련靈神修練'을 통해 식별하였다. 이냐시오와 그의 동료들은 하느님 백성인 교회에 봉사하기 위해 복음적 권고를 따르는 새로운 삶을 살고자 했고, 그 모임인 '예수회'는 1540년 교회의 인가를 받았다.

이냐시오의 영성은 뚜렷하게 그리스도 중심이다. 그리스도에 대한 열렬한 사랑으로 사는 것, '그리스도의 마음'을 열망하고 그리스도를 본받는 것은 예수회 행동 양식의 가장 근본적인 정신이며 특성이다. 이냐시오는 하느님의 은총으로 자신과 이웃의 구원을 향한 완덕을 전심전력으로 추구하고 그 모든 것에서 '하느님의 더 큰 영광'을 위해 봉사하였다.

그가 요청한 예수회원의 행동 양식은 '영신 수련'을 통해 관상한 그리스도, 즉 가난하고 겸손하신 그리스도를 인격적으로 만나고 따르는 자기 헌신의 태도이다. 그는 그리스도만이 삶과 일의 원형이며,

각자의 상황에서 항상 '그 이상의 것'을 선택하였다. 그래서 예수회원들은 이냐시오와 같이 '예수의 벗'으로 부름받았음을 인식하면서 그리스도의 눈으로 사람들의 염원과 필요를 바라보며 가장 심각한 투쟁인 신앙을 위한 봉사와 신앙에 내포된 정의 구현에 헌신한다.

영성 살기

  이냐시오 영성을 살기 위해 가장 필요한 것은 '사랑을 위한 영적 자유'다. 이러한 자유는 부단한 기도와 영신 수련과 양심 성찰을 통해 얻을 수 있다. 기도는 복음에 계시된 예수 그리스도를 관상하는 것이다. 영신 수련은 피정 지도자가 피정받는 이에게 기도의 주제와 방법, 시간 등을 알려 주고 기도하도록 한 후 면담을 통해 기도의 내용 등을 살피면서 영적 성장을 돕는 이냐시오 영성 프로그램이다.

  이냐시오 영성을 살기 위해서는 어떤 이론적인 이해보다도 이냐시오의 '영신 수련'에 따른 관상 기도를 일상 중에 꾸준히 하는 것이 중요하다. 양심 성찰은 하루에 두 번 하는데, 약 15분간 자신의 양심의 상태가 어떤지 돌아보는 것이다. 양심 성찰은 다섯 단계로 진행되는데 한마디로 하루 중 자신이 어떻게 하느님께 응답했는지 감정의 상태를 우선적으로 살피면서 돌아보는 것이다. 어떤 감정들은 우리 자신을 하느님에게서 멀어지게 하는데, 그 원인들을 양심 성찰을 통해 확인하고 하느님께 도움을 청하는 것이다.

  주님을 모시겠다는 마음을 가지고 꾸준히 규칙적으로 기도해야 한다. 기도하다 보면 자연히 기도하는 법을 배우게 되고, 점점 더 주님을 사랑하게 된다. 매일 규칙적으로 기도하며 주님을 모시기로 하자.

나는 언제, 왜 기도하는가?
내가 지금 매일 규칙적으로 기도를 하고 있지 않다면, 앞으로 어떻게 기도할 것인가?

6
육을 통하여 영으로

환대 – 천주의 성 요한(요한 시데다, 1495~1550)

현장에서

  어떤 사람들은 전생에 무슨 죄를 지었기에 저렇게 몹쓸 병에 걸렸냐고 묻는다. 그래서 점이나 굿을 통해 고치려고 하는 사람도 있다. 그리고 어떤 사람이 몸이나 정신, 심리 면에서 심한 병에 걸리면 그 사람을 외면하고 피하려고 한다.

영성 말씀

  자비를 베푸소서! 주 하느님, 하느님께 더없이 많은 죄를 저질러 온 이 큰 죄인에게 자비를 베푸소서!
  우리 주님을 자주 기억하고 그분의 수난을 염두에 두시오. 가난한 사람들을 섬기는 데 열과 성을 다하시오. 그대의 살이라도 베어 먹이겠다는 각오를 세워 두시오.
  형제자매들이여, 자신을 위해 선한 일을 하지 않으시겠습니까? 하느님의 사랑을 위해 선한 일을 하지 않으시겠습니까?

생애와 영성

병자와 간호인의 주보성인이며, 천주의 성 요한 의료 봉사 수도회의 창립자인 스페인(그라나다)의 천주의 성 요한은 인간에 대한 사랑 때문에 스스로 인간의 육신을 취했고 지상 생애 동안 가난한 사람들과 하나가 되셨던 예수 그리스도의 삶을 바라보며, 육체에 대한 봉사를 통하여 영혼의 선익을 추구한다는 의미로 "육(肉)을 통하여 영(靈)으로"라고 했다. 요한은 성한 사람들에게서뿐만 아니라 정신 질환자를 비롯한 병자들 안에서도 현존하시는 하느님의 모상을 발견했다. 따라서 현실에서 고통받고 괴로워하는 이들을 극진히 섬기고 보살피면서 하느님을 섬기게 되었다.

예수님께서 인간을 치유해 주시면서 영혼을 구하시고 마침내 전 인격을 구원하셨듯이, 요한의 '환대Hospitality'도 육신을 치료하는 의료 행위를 통해 인간 존엄성을 회복시켜 준다. 천주의 성 요한 수도회는 정결, 가난, 순명의 3대 서원 외에도 의료 봉사 서원을 한다. 이들은 사람들이 하느님의 창조물이고, 본래의 가치와 내재된 존엄을 갖고 있기 때문에, 수도회의 모든 계획과 실천 그리고 평가에 각 개인의 존엄성을 그 기준으로 삼는다.

천주의 성 요한 영성의 다섯 가지 핵심 가치는, 첫째 모든 것에 마음을 열고 환영하는 것으로, 친한 사람뿐만 아니라 자신, 사람들, 생

각과 경험, 자연의 신비, 하느님을 열린 마음으로 받아들이는 '환대',

둘째, 다른 사람들의 고통과 어려움을 기꺼이 함께 느끼고 그들의 경험을 이해하는 '동정,'

셋째, 모든 사람의 독특한 존엄성을 소중히 하고, 모든 창조물이 하느님께 바쳐졌다고 인정하는 '존경,'

넷째, 자기 자신과 이웃, 모든 창조물 및 하느님과 균형을 유지하고 공정한 관계를 맺는 '정의,'

다섯째, 이용 가능한 자원 범위 내에서 치료와 돌봄의 최고 기준을 제공하는 '탁월함'이다.

그의 영성은 사람과 삶에 대한 깊은 성찰 위에 있다. 손님과 주인의 관계를 넘어 사람과 사물, 자연과 인간의 다양한 사고를 편견 없이 기쁘게 받아들인다(환대). 특히 자신과 타인의 고통을 완전히 수용한다. 내가 원하지 않는 것을 어떻게 온전히 기쁜 마음으로 수용할 수 있는가? 이 세계에 속한 모든 것들을 하느님의 모상으로 보고, 이 세상에서 일어나는 모든 일을 하느님의 섭리로 받아들임으로써, 세상을 긍정적으로 바라보게 되고 자신을 불편하게 하는 다양한 형태의 내·외부적인 자극들도 기쁘게 받아들이게 된다.

환대의 삶은 분명 이타적인 삶이다. 그러나 각자의 삶을 기쁨으로 받아들일 수 없다면 결코 타인의 삶으로 나아갈 수 없다. 각자가 처한 여러 가지 형태의 고통과 문제들을 하느님의 '섭리' 안에서 기쁘게 받아들일 줄 아는 능력을 키울 수 있을 때, 환대는 기쁘게 살아낼 수 있는 가치다.

영성 살기

자기가 기쁘고 행복해야 남도 행복하게 해 줄 수 있다. 환대의 영성을 살기 위해서는 먼저 그리스도의 복음 정신 안에서 우리의 삶이 행복해질 수 있는 방법들을 배우고 깨달아야 한다. 그렇게 되기 위해 아래의 항목들을 실천하기로 하자.

하느님께 마음을 열고 스스로 자신을 돌보자.
가족을 포함한 타인을 친절하게 맞아들이며, 그들의 요구에 민감하게 반응하고, 마음을 헤아리고 그들의 말을 경청하자.
어려운 이웃, 특히 병자와 그들을 돌보는 이들을 위해 기도하자.
소외되고 가난한 병든 이들을 위해서 자선(기부)과 봉사를 실천하자.
질병과 장애를 가진 가족들을 위로하고 지지하자.

제2부

내 살을 먹고 내 피를 마시는 사람은 영원한 생명을 얻고,
나도 마지막 날에 그를 다시 살릴 것이다.

(요한 6,54)

7
교회의 심장 안에서 사랑이 되겠습니다

관상 기도 – 예수의 성녀 데레사(1515~1582)
십자가의 성 요한(1542~1591)
아기 예수의 성녀 데레사(1873~1897)

현장에서

어떤 사람들은 기도를 해야 하는 줄은 알지만, 할 일이 너무 많다 보니 너무 바빠서 기도할 시간이 없다고 한다. 그래서 자기가 하고 싶은 것을 어느 정도 이루고 나서 기도하겠다고 한다.

영성 말씀

가장 확실한 것은 하느님이 원하시는 것만을 원하는 것입니다. 우리가 자신을 아는 것보다 하느님은 우리를 더 잘 알고 계십니다. 더구나 우리를 사랑하고 계십니다. 주님의 거룩한 뜻이 우리 안에 이루어지기 위해서 우리를 그분의 손안에 맡깁시다.

– 예수의 성녀 데레사

모든 것을 얻기에 다다르려면 아무것도 얻으려 하지 말라.
모든 것이 되기에 다다르려면 아무것도 되려고 하지 말라.
모든 것을 알기에 다다르려면 아무것도 알려고 하지 말라.

— 십자가의 성 요한

교회에는 심장이 있고 심장에는 사랑이 불타오르고 있습니다. 오직 사랑만이 교회의 모든 지체를 움직이게 하고, 사랑이 꺼지면 사도들은 복음을 더 전하지 못하고, 순교자들은 피를 흘리려 들지 않을 것입니다. …… 저는 교회 안에서 제자리를 찾았습니다. …… 저는 어머니인 교회의 심장 안에서 사랑이 되겠습니다.

— 아기 예수의 성녀 데레사

생애와 영성

개혁 수도회인 '맨발의 가르멜회'를 설립한 영성의 어머니요 신비신학의 박사, 아빌라의, 예수의 데레사 성녀는《완덕의 길》,《영혼의 성》,《천주 자비의 글》등 많은 영적 저술에서 기도, 특히 묵상 기도를 강조한다. 성녀는 묵상 기도가 하느님과 일치할 수 있는 아주 중요한 길이라고 설명한다. 또한 성녀는 인간의 영혼을 7궁방으로 나누어 가장 내밀한 7궁방에 하느님께서 내재하시며 그 하느님과 합일하기 위해 끊임없이 사랑, 이탈, 겸손으로 묵상 기도에 충실하기를 가르친다.

십자가의 성 요한은 《가르멜의 산길》과 《어둔 밤》 등을 통해 불완전한 인간의 감각과 영을 정화하여, 하느님 사랑의 일치로 우리를 안내한다. 전부全部, toda이신 하느님과의 일치를 위해서 무無, nada의 영성을 강조하면서, 자기를 비우라고 했다. 그는 아빌라의 데레사와 함께 수도적 관상과 사도적 활동을 조화시키려는 쇄신의 열정으로 살았다.

리지외의, 아기 예수의 성녀 데레사는 15세에 가르멜 수도원에 들어가 24세에 선종할 때까지 수녀원 울타리를 벗어나 본 적이 없지만 '선교지와 선교사들의 '주보성인'이 되었고, 신학 논문을 한 편도 쓴 적이 없었지만 '교회 박사'로 선포되었으며, 지고한 영성이나 엄격한 수덕 생활을 주장하지도 않았지만 비오 10세 교황으로부터 현대의 가장 위대한 성인으로 일컬어졌던 이유는 일상을 특별한 사랑으로 수행한 그녀의 작은 길에 있다. 겸손과 단순성, 신뢰가 그녀 영성의 길이었다.

영성 살기

아빌라의, 예수의 성녀 데레사는 《자서전》에서 자신의 삶에서 가장 불행하고 위험한 시기는 묵상 기도를 그만두었던 1년에서 1년 6개월 동안이라고 고백했다. 성녀에게 있어 기도는 은총의 문이다. 은총 없이 구원될 수 없는 우리 인간은 결국 기도 없이 구원될 수 없는 존재다. 20세기의 위대한 가톨릭 신학자 칼 라너도 "인간은 성사 없이 구원될 수 있어도 기도 없이는 구원될 수 없다."라고 말했다.

  기도는 영혼의 호흡이다. 호흡이 끊어지면 더 이상 생명은 존재할 수 없기에 기도 없는 영성 생활이란 존재하지 않는다. 기도가 호흡처럼 자연스럽게 되도록 기도를 몸에 익혀야 한다. 기도는 오직 기도함으로써 배울 수 있다. 할 일을 다 해놓고 기도하겠다고 한다면 기도할 시간은 영원히 없을 것이다.

  일이 많아 기도할 시간을 찾지 못한다면 일을 줄여서라도 기도 시간을 가져야 한다. 기도를 하지 않고도 살 수 있다고 생각한다면, 나는 지금 하느님을 모시고 사는 길이 아닐 수 있다.

  주님을 모시고 주님과 함께 살기를 원한다면, 기도하세요.

8
가난한 이들은 우리의 주인입니다

빈민 구제 – 성 빈첸시오 아 바오로(1581~1660)

현장에서

어떤 사람들은 하나를 더 얻고 더 채워도 노후는커녕 오늘을 살아가기가 힘들다고 생각해서 더욱 악착같이 재물을 모은다. 그러고는 어떻게 될 줄 모르는 미래를 위해 자기가 모은 재산을 꼭꼭 숨겨 둔다.

영성 말씀

하느님께서 사랑의 딸들을 부르시고 함께 모으신 주된 목적은 모든 사랑의 원천이며 모범이신 우리 주 예수 그리스도를 공경하고 가난한 이들 안에 계시는 그리스도를 육체적으로, 영적으로 섬기는 데 있다.

생애와 영성

종교 전쟁과 프롱드의 난, 페스트 창궐, 봉건 제도로 인한 세금 탈

취, 극심한 빈부 격차 등으로 혼란스러웠던 16세기말, 프랑스의 한 농촌에서 태어난 빈첸시오는 19세에 사제가 된 이후 여행을 하던 중에 해적을 만나 노예로 팔려갔다가 연금술사로부터 병을 고치는 법을 배우고 탈출하여 가난한 이를 위해 투신하게 된다. 성인은 가난한 이들 안에 숨어 계신 주님을 발견했고, 주님을 섬기듯이 가난한 이들을 섬겼다.

성인은 농촌 지역의 빈곤을 접하면서 병들고 불쌍한 이들에게 복음을 전할 사제를 양성하기 위해 전교회(라자리스트회)를 세웠고, 가난한 이들을 조직적으로 돌보기 위한 여성들의 봉사 단체인 '애덕 부인회', '성 빈첸시오 아 바오로 사랑의 딸회(훗날 그의 정신을 따른 평신도 단체: 빈첸시오 아 바오로회)'를 세웠다. 그는 안락한 생활에 대한 미련도 있었지만, 가난한 이들과 같은 조건으로 살고자 했다. 그는 하느님의 섭리에 대한 온전한 신뢰 속에서 가난한 사람들이 우리의 주님이고 스승이라고 가르치며, 서두르지 말고 때를 기다리면서 겸손과 소박과 사랑으로 가난한 이들에게 다가가야 한다고 가르쳤다.

영성 살기

사회적으로 볼 때 가난은 마땅히 극복해야만 하는 과제다. 가난한 이들이 먹고 살 수 있도록 해야 하는 것이 사회 지도자들의 책임이기도 하지만, "가난은 나랏님도 못 구한다."라는 말이 있을 정도로 가난을 해결하는 것은 쉬운 일이 아니다. 그러나 꼭 극복하고 해결

해야만 하는 과제다. 가난한 이들에게 기술을 가르치고 그들의 고용을 극대화하며 그들이 혹시라도 있을지 모를 게으름과 나약에서 벗어날 수 있도록 용기를 북돋아 사회의 생산을 창출하고, 사회의 불균형하고 불평등한 소득과 분배의 구조를 조정하며, 빈곤층에 대한 적절한 사회 복지로 사회의 빈곤 문제를 해결하여 그들이 한 사회의 구성원으로 행복하게 살도록 해 주는 것이 사회 구성원 모두가 짊어져야 할 일이다. 가난의 문제는 한 지역 사회의 문제가 아니며, 사회 정책이나 국가적인 노력만으로는 해결할 수 없는 국제적이며 인간 전반에 걸친 문제다.

그런가 하면, "너희는 내가 굶주렸을 때에 먹을 것을 주었고, 내가 목말랐을 때에 마실 것을 주었으며, 내가 나그네였을 때에 따뜻이 맞아들였다. 또 내가 헐벗었을 때에 입을 것을 주었고, 내가 병들었을 때에 돌보아 주었으며, 내가 감옥에 있을 때에 찾아 주었다. …… 너희가 내 형제들인 이 가장 작은 이들 가운데 한 사람에게 해 준 것이 바로 나에게 해 준 것이다."(마태 25,35-36.40)라고 하신 주님의 말씀에 따라, 곤궁을 겪고 있는 사람들에게 시간과 재물을 나누고 자선을 베푸는 일은 그리스도인의 사명이기도 하다.

한 가정의 아버지와 어머니는 자신들의 노고로 얻은 재물을 자기만 위해 쓰지 않고 가족과 나눈다. 가족에는 내 식구뿐만 아니라 부모는 물론 형제자매와 그들의 가족, 일가친척도 포함될 수 있다. 그렇다면 내 가족의 한계는 어느 누구까지인가? 내가 배고플 때, 다른 어느 누구도 배고플 것이라고 생각하게 되는가? 내가 추울 때 다른 어느 누구도 추울 것이라고 생각하는가? 맛있는 음식과 좋은 것을 누구와 나누고 싶은가? 이러한 생각과 관심을 갖게 하고 배려해야겠다고 생각되는 사람이 내 가족이다. 그리스도 안에서 새로 맺은 가족은 피를 나눈 가족 개념에서 벗어나 생각과 영을 나누는 영신 가족이다. 즉, "자식을 많이 낳고 번성하여 땅을 가득 채우고 지배하여라. 그리고 바다의 물고기와 하늘의 새와 땅을 기어 다니는 온갖 생물을 다스려라."(창세 1,28)라고 하느님이 말씀하신 것처럼 그분이 우리에게 다스리고, 보호하고, 가진 것을 나누며, 함께 살아가라고 맡기신 가족이다.

하느님께서 맡기신 모든 피조물 가운데 내 (영신) 가족은 어디에 사는 누구인가?

그들의 이름과 그들이 처한 상황을 아는가?

오늘 나는 내 가족 중의 어느 누구와 무엇을 어떻게 나누겠는가?

9
작은 일에 충실, 파스카의 신비가 나의 삶이 되기를

본당 여아 교육 – 루이 쇼베(1664~1710), 클로드 마레쇼(1683~1702)와 세 동료들

현장에서

어떤 사람들은 자신의 힘과 능력에만 의존하며 업적과 명예를 쫓다가 결국 인간적·영적으로 황폐해져 우울증을 앓거나 하느님과 세상과 자신마저 등지는 경우가 종종 있습니다.

영성 말씀

사람의 일생은 무수한 작은 행위들로써 구성되는 매일매일이라는 날들로 이루어진다. …… 완덕은 백 가지 위대한 행동을 함에 있지 않고, 오직 우리 각자에게 하느님께서 바라시는 것을 충실히 하는 데 있을 뿐이다. 그러므로 수녀들이 불림을 받고 있는 완덕을 옹글게 이루기 위해, 또한 하느님을 기쁘게 해 드리고 영원한 세상에서 큰 보상을 얻는 데 이같은 (작은 행위에) 충실은 필요 불가결한 것이다.   – 클로드 마레쇼

생애와 영성

　1694년 프랑스 러베빌의 라셔날 본당 사제로 부임한 루이 쇼베 신부는 300여 년 동안 계속된 전쟁으로 전 국토가 황폐하고 질병이 만연하여 고통 속에 희망을 잃고 살아가는 이들의 인간적·영적 품위 향상을 위해, 하느님께 봉헌하고자 한 네 명의 처녀들과 함께 1696년 활동 수도회(샤르트르 성 바오로 수녀회)를 창설하였다.

　17세기는 성 빈첸시오 아 바오로를 중심으로 기존의 봉쇄 수도회 체제가 아닌 활동 수도회들이 창설되던 시기였고, 이들의 공동 목표는 '하느님의 영광'과 '이웃에 대한 봉사'였다.

　쇼베 신부는 부유한 자녀들의 특전으로 여겼던 당시 교육에 대한 개념을 깨고 수녀들이 '모든 아이들의 차별 없는 무료 교육', '버려진 환자들의 방문과 돌봄'을 통해 그리스도를 향한 사랑, 이웃을 향한 애덕의 삶을 살게 하였다. 그가 병고로 더 이상 수도회와 함께할 수 없게 되자, 1708년 샤르트르 교구장에게 수도회를 맡기고 1710년 선종하였다. 교회는 쇼베 신부의 절친한 친구인 소르본의 박사 클로드 마레쇼 신부를 수도회 장상으로 임명하였다. 마레쇼 신부는 '오로지 하느님만을 위해 숨 쉬고 계신 분'이라는 칭호를 받을 정도로 하느님에 대한 사랑과 인간 구원이 애덕의 동기였다.

　그는 쇼베 신부의 정신에 따라 수도회 첫 '회칙 초안'을 써서 '하느님을 더욱 기쁘게 해 드리고, 무지한 이들을 가르치고 불쌍한 이들의 고통을 덜어주는 일, 이 두 가지를 다 목적으로' 하는 수도회임을 명시하였다. 또한 삶의 길잡이로 《행위를 잘하기 위한 교훈서》를 써서

초창기의 은사와 정신이 수도회에 뿌리내리게 하였다. 이 두 사제와 네 명의 수녀들의 삶과 영성은 315년이란 긴 역사 안에서 수녀들이 인간적인 힘과 지혜에 의존하기보다 비움을 통해 예수 그리스도의 파스카 신비를 살아 내며 '하느님의 영광'과 '이웃의 구원'을 위해 봉사하는 삶의 근간이 되었다.

1888년 순교의 선혈이 채 마르지 않은 조선에 프랑스 선교사 수녀들이 입국하였고, 일주일 만에 순교자들의 후손인 다섯 명의 처녀들이 입회하여 한국에서 처음으로 수도 생활이 시작되었다. 현재 샬트르 성 바오로 수녀회 수녀들은 창립 정신에 따라 '교회의 유익과 이웃의 필요를 위하여 하느님께 자신을 바치는 삶', '일상의 삶 안에서 파스카 영성'을 살고자 노력하고 있다.

영성 살기

루이 쇼베 신부와 클로드 마레쇼 신부와 세 명의 수녀들은 큰일에서와 마찬가지로 작은 일에 있어서도 충실하였고, 고통받는 사람들 안에서 예수 그리스도를 보고 그들을 위로하며 돌보는 애덕의 삶을 살았다. 그들은 십자가의 신비, 고통과 죽음을 지나 부활에 이르는 파스카의 삶을 자신들의 삶 안에서 계속 체험하면서 살았다. 자기 능력에 의존하거나 자신의 영광, 외적인 업적에 연연하지 않고 비움과 이탈을 통해 하느님께 온전히 의존하는 삶, 그분을 기쁘게 해 드리기 위해 애덕을 실천하는 삶을 통해 복음을 증거하였다.

이 영성은 완벽하지 않은 자기 자신을 받아들일 수 있는 공간을 제공하며, 실수나 소생하기 어려운 큰 고통 앞에서도 그리스도의 빛이 가까이 와 있음을 믿고, 좌절하거나 세상을 등지기보다 인간의 한계를 겸허하게 인정하고 하느님께 도움을 청하며 다시 일어나 새 삶을 향해 묵묵히 신앙인의 길을 걷도록 독려한다.

어둠과 빛은 늘 우리 삶에 함께하는 것, 누구도 여기서 벗어날 수 없다. 그러나 결코 어둠이 빛을 이겨 본 적이 없다. 불안과 두려움을 동반한 어둠도 모두 때가 되면 사라지고 만다.

그래서 이겨 내기 어려운 고통이나 우울증 혹은 삶을 포기하고 싶은 유혹이 생길 때 "주님! 파스카의 신비가 나의 삶에서 일어날 수 있도록 도와주십시오!" 하고 기도해야 한다. 하느님께 모든 것을 내맡기며 겸손하게 그분의 도우심을 청하는 자세가 바로 참인간의 모습이다.

나는 작은 행위에 얼마나 충실하고 있는가?

나는 나를 사랑해 주시는 하느님을 삶 안에서 기쁘게 해 드리려고 노력하는가?

시련과 어려움 앞에서 '파스카의 신비'를 체험할 수 있도록 하느님께 도움을 청하는가?

10
천국에서 다시 만납시다

가정 성화 – 성 유중철 요한(1779~1801), 성녀 이순이 루갈다(1782~1802)

현장에서

어떤 사람들은 빨리 결혼해서 아기 낳고 잘 사는 것이 인생의 행복이라고 여긴다. 그런가 하면, 또 다른 사람들은 행복은 꼭 그런 것이 아니라고 여겨 한 남자와 한 여자가 필요할 때 서로 만나 함께 (결혼하여) 살다가, 서로가 필요에 따라 헤어질 수도 있다고 말한다.

영성 말씀

우리의 만남은 두 사람의 소원을 천주께서 윤허하신 특별한 은총이라 생각하기에, (그 은혜에) 감사하여 죽기로써 보답코자 마음먹었습니다. 둘이서 언약하기를, (언젠가) 가업을 상속받는 날이 되면, (모든 재산을) 서너 쪽으로 나누어서 가난한 이를 구제하고, 동생들에게 후히 나누어 주어 양친을 부탁하고, 세상이 펴거든 각각 떠나 살자 하고, 피차 이 약속을 버리지 말자 했습니다.

작년(1800년) 12월이라. 유혹이 너무나 심하여 마음의 두려움이 얇은 얼음을 밟는 듯 깊은 물에 빠질 듯 위태로웠습니다. 우러러 이길 바를 간구하옵더니, 주의 특별한 도우심으로 겨우겨우 면하여 동정을 보존하여 피차 약속한 바를 금석처럼 단단하게 지켰으며, 서로 믿고 사랑하는 정이 태양처럼 크고 따뜻하였습니다.

— 성녀 이순이 루갈다

나는 누이를 권면하며 위로하오. 천국에서 다시 만납시다.

— 성 유중철 요한

생애와 영성

이순이는 명망이 높은 가문의 후손으로서 좋은 가정 교육과 신앙 교육을 받았으며 당시 양반 가정에서 자녀들이 필수적으로 배워야 했던 모든 예의 범절과 가사 업무 및 기술을 익혔고 한문과 한글을 배웠다. 성녀는 14세 때인 1795년 부활절, 주문모 신부가 조선에 입국해서 첫 미사를 집전할 때 첫영성체를 한다. 그녀는 주 신부에게 평생 동정을 지킬 것을 약속했다.

주 신부는 전주에 내려가서 내포의 사도 유항검의 맏아들 유중철 요한도 독신 생활을 원하고 있음을 알게 되었다.

주 신부는 당시 사회적 관습과 시대적 상황을 고려하여 결혼이라는 형식 속에서 이 두 사람의 마음을 결합시켜 그들이 바라는 대로 동정을 지키며 마치 남매처럼 살아가는 것이 좋겠다고 권고했다. 양가 집안의 수용 속에 1797년 결혼식을 치른 두 사람은 심한 유혹 속에서 당황하고 곤경을 겪기도 했지만 함께 기도하고 노력하면서 4년을 지냈다. 그러다가 유중철이 1801년 11월 14일(음력 10월 9일) 신유박해 때 체포되어 순교했고, 이순이와 시댁 식구들은 관비로 유배를 갔다. 귀양길에서 돌아온 그들은 항구하게 신앙을 고백하다가 1802년 1월, 20세의 이순이 역시 칼 아래 머리를 내밀고 순교했다.

영성 살기

어떤 사람들은 빨리 결혼해서 아기 낳고 잘 사는 것이 인생의 행복이라고 여긴다. 그래서 미혼 남녀를 보면, "언제 결혼하느냐?", "내가 사람을 소개시켜 주겠다."라며 꼭 결혼할 것을 강요하다시피 한다. 그리고 결혼하지 않으려는 사람을 이상한 사람으로 치부한다.

성 유중철과 성녀 이순이는 주님을 사랑하여 동정을 지키고 싶었지만, 당시의 시대 상황과 제도에 따라 가약을 맺었다. 그러나 서로의 원의를 저버리지 않고 서로를 격려하고 배려하면서 4년 동안 동정으로 살다가 체포되어 순교했다.

오늘날엔 주님을 사랑하여 동정을 지키기 위해 수도회에 들어가 공개 서원을 하여 '수도자'로서 살 수도 있고, '봉헌된 평신도'로서, 또는 열성과 신심을 지닌 '독신자'로서 사회생활을 하면서 주님을 찬미하고 영광을 돌릴 수도 있다.

그런가 하면, 단지 독신만이 정결을 지키는 것이 아니다. 정결은 부부 사이에서도 지켜야 한다. 배우자가 서로에게만 충실할 때 부부 사이의 정결이 지켜지는 것이다. 주님께서 사랑으로, 평생의 반려자로 맺어 주신 부부가 서로 다른 이에게 눈을 돌리지 않고 정결을 지킴으로써 사랑을 꽃피우고 자녀를 낳아 기르며 하느님 창조와 구원 사업에 참여하는 것이 결혼 성소자들의 소명이다.

주님을 사랑하는 마음으로 독신을 선택했는가?
주님을 사랑하는 마음으로 배우자만을 사랑함으로써 정결을 지키고 있는가?
행복한 가정을 꾸리기 위해 어떤 노력을 기울이고 있는가?

11
모든 것을 하느님께 바라는 가난

노인 사목 – 성녀 쟌 쥬강(1792~1897)

현장에서

어떤 할아버지 할머니는 "이젠 죽는 일만 남았다. 주님께서 어서 빨리 데려가 주시면 좋겠다."라고 한다. 이분들은 자신의 처지가 어려워 생의 의미를 찾을 수 없기 때문이라고 한다.

영성 말씀

빵 구하러 다니는 작은 자매에겐
만사가 언제나 좋고도 좋은 법,
앞으로 앞으로 더 빨리 나아가려면
나는 아무것도 아니라 생각하고,
언제나 작고도 작게 되어
나를 잊어버리도록 하세.

항상 힘들지 않게 고분고분,
무엇이든 거절 마세.
빵 구하러 다니는 작은 자매에겐
만사가 언제나 좋고도 좋은 법!

가난한 것, 아무것도 소유하지 않고 모든 것을 하느님께 바라는 가난은 정녕 아름답습니다!
항상 이렇게 말해야 합니다. 하느님, 찬미받으소서!
가난한 이들을 섬기도록 하느님께서 여러분을 부르신 것은 커다란 은총입니다.

생애와 영성

1792년 10월 25일, 프랑스 서북부 어촌 캉칼에서 태어난 쟌 쥬강은 가난하지만 '탄복하올 성모의 제3회원'으로서 하느님과 불쌍한 이웃들을 돌보며 살았다. 1839년 겨울 어느 날, 갑자기 혼자가 된 반신불수의 앞 못 보는 할머니에게 자기 침대를 내어 주고 그를 어머니로 모신다. 이것이 '가난한 이들의 작은 자매회'의 시작이었다. 두 번째 할머니에 이어 세 번째 할머니가 뒤를 따랐다. 점차 모습을 갖추게 된 가난한 이들의 작은 자매회에서는 쟌 쥬강을 원장으로 선출하였고, 그녀를 따르는 동반자들도 생겼다. 그러나 그녀는 얼마 안 가서 원장직을 박탈당한 뒤 단순한 모금 수녀로 활동을 하게 된다.

1879년 8월 29일, 하느님의 품에 안기기까지 27년간의 왜곡된 진실의 그늘에 가리워진 생활을 하면서도 쟌 쥬강이 수련자들에게 전해 준 모범과 짧은 교훈은 수도회의 카리스마를 온전히 전해 줄 수 있었던 하느님의 섭리였다. 4반세기가 지난 후에야 그녀에 대한 진실이 드러나기 시작하였다. 그것은 그녀가 이 수도회의 '세 번째 수녀가 아니라 창립자'라는 사실이다. 쟌 쥬강은 1982년 10월 25일에 복자품을, 2009년 10월 11일에 성인품을 받았다.

쟌 쥬강의 영성은 성 요한 에우데스의 단순하고 겸손한 기도와 사랑을, 천주의 성 요한 수도회와의 밀접한 유대 안에서 가난한 어르신들을 섬기는 환대 서원과 융화시켜, '작은 이'들의 단순함을 살아있는 믿음의 시각으로 바라보며 사는 것이다. 그렇기에 고정 수입 없이 유일한 생활 수단이었던 모금은 만민의 아버지 하느님에 대한 굳은 신뢰심을 표현한다. 쟌 쥬강은 참된 마음의 가난으로 이렇게 말하였다.

"가난한 어르신들이 바로 우리의 주님이심을 잊지 마세요."

쟌 쥬강의 영성을 이어받은 '가난한 이들의 작은 자매회'는 참된 행복의 복음 정신을 투신의 근거이며 양식으로 삼는다. 하느님의 선하심에 대한 조건 없는 신뢰를 통해, 철저한 생명 존중과 개개인의 가족 관계와 신념을 존중하는 가운데 쟌 쥬강 회원과 직원 및 봉사자들은 하느님께서 보내 주시는 노인들을 맞아들이고 격려하고 보살피며 그들의 삶의 마지막 순간까지 함께한다.

영성 살기

옛날에는 부모가 늙으면 산에 버리는 고려장이 있었다. 그런데 진정 늙었다는 이유 하나만으로 죽어야만 하는 것인가? '늙음'은 그 누구도 피해 갈 수 없으며, 그 무엇으로도 되돌릴 수 없는 가난한 처지다. 내가 살기 위해 너를 죽이는 사회 현상은 산아 제한과 장애인에 대한 부적절한 대우, 노인들에 대한 부적절한 고려와 대접에서 잘 드러난다.

그러한 행태는 인간의 이기적이며 동물적인 본능에서 나온다. 그런데 인간에게는 동물적인 본능 이외에도 존엄한 인격과 삶의 의미와 존재론적 가치가 있다. 그러기에 인간의 가치는 그가 사회에서 어떤 역할을 맡고, 왜, 얼마만큼 필요한가에 따라 결정되지 않는다.

인간은 남녀노소를 가리지 않고 다른 인간에 대한 처분을 결정하는 자리에 있는 자나 그 처분을 받는 자 모두 같고 평등하며, 하느님의 모상대로 창조되었다는 이유에서 똑같이 존엄하다.

내 부모님은 어떻게 지내시는가?
내 주변에 어려움에 처해 있는 노인은 누구인가?
어려움에 처해 있는 노인에게 어떻게 해 드릴 것인가?

12
임금보다는 천주께 복종합니다

순교 – 성 정하상 바오로(1795~1839), 성녀 강완숙 골롬바(1760~1801)

현장에서

어떤 사람들은 건강하게 오래 살고 싶어 한다. 건강하게 한 살이라도 더 살기 위해 영양제나 보약을 먹고 운동도 한다. 그리고 죽는 것은 슬프고 나쁜 일이요, 살아 있는 것이 행복하고 좋은 일이라고 여긴다.

영성 말씀

지위에는 높고 낮음이 있고 일에는 가볍고 무거운 것이 있으니, 집안에서는 아버지가 제일 높으나 한 집안의 아버지보다 높은 이는 나라의 임금이며, 한 나라에서는 임금이 가장 높으나 임금보다 높은 이는 천지의 큰 임금이십니다. 아버지의 명령을 듣고 임금의 명령을 듣지 않으면 그 죄가 무겁습니다. 하지만 임금의 명령을 듣고 천지의 임금의 계명을 듣지 않는다면 그 죄는 더욱 커서 비할 데가 없습니다.

– 성 정하상 바오로

생애와 영성

　선교사의 도움 없이 자생적으로 설립된 한국 천주교회. 그 제1세대 평신도 지도자인 이승훈, 정약종, 권일신, 유항검 등이 1801년 신유박해로 순교하고 난 후, 제2세대의 평신도 지도자들이 뒤를 이었다. 정하상은 순교자 정약종의 둘째 아들로, 외국 선교사의 영입을 위해 신명을 바쳐 일했고 유명한《상재상서上宰相書》(재상에게 올리는 글)를 지어 천주교의 교리를 당당하게 변호했던 주님의 참된 용사다. 그는 또 덕행과 지혜와 능력이 뛰어나 범(앵베르) 주교에 의해 이신규와 함께 신학생으로 뽑혀 라틴어와 신학 공부까지 했으나 기해박해로 인해서 성품 성사를 받지는 못하였다.

　그는 한국 천주교회 초대 남성 회장으로서 교우촌에서 공동 기도를 통해 신자들을 규합하고 교회 공동체를 재건하고 성직자 영입 활동에 투신하였다. 그는 재상과 정부 각료들이 쉽게 알아듣도록 조선의 전통과 문화에 맞추어《상재상서》를 써 천주교를 변호했으며, 순교를 통해 자신의 신앙을 증거하였다.

　강완숙은 친척에게서 천주교에 대한 말을 듣고,《천주실의天主實義》를 얻어 읽은 뒤 천주교에 심취하여 그 덕행을 갈망하게 되었다. 그녀는 1791년 신해박해 때 감옥에 갇힌 교우들을 돌보다 투옥되었다. 그러자 그녀의 남편은 자신에게 피해가 돌아올까 무서워 그녀를 내보냈지만, 그녀는 아들 홍필주를 데리고 시어머니를 정성껏 모시며 살았다.

그녀는 우리나라에 온 최초의 목자 주문모 신부를 포도청의 감시를 피해 여섯 해 동안이나 사목할 수 있도록 도왔다. 주 신부는 그녀를 한국 천주교회 최초의 여성 회장으로 임명하였으며, 그녀는 남녀가 유별한 조선 사회에서 여교우들을 위한 전교와 사도직을 헌신적으로 수행했다.

1801년 순조 원년에 전국적인 박해가 시작되자, 강완숙도 체포되어 그해 7월 2일에 순교하였다. 그녀는 체포당하면서도 주문모 신부를 안전하게 피신시켰다. 그러나 주 신부는 수많은 교우들이 자신의 안전을 위해 고통 속에 죽어 가는 것을 가슴 아프게 여겨 자수하고 순교하였다.

영성 살기

순교는 인간이 하느님께 드리는 최고의 사랑이자 하느님이 인간에게 주시는 최고의 은총이다. 그래서 순교는 사랑의 완성으로서 신앙의 징표가 된다.

순교는 예수 그리스도께서 아버지의 뜻을 따라 인간을 구원하시기 위해 생명을 바치셨던 십자가 상의 죽음을 따라, 주님을 믿고 사랑하는 마음을 증거하는 의미로 신앙을 포기하라고 요구하는 사람들에게 기꺼이 죽임을 당하는 것이다.

사람은 죽을 위기에 처하면 어떻게든 살려고 한다. 그런데 순교자들은 신앙을 버리면 살려 주겠다고 해도 죽음의 현장으로 기꺼이 기쁘게 걸어 들어갔다. 이것은 인간의 힘으로 가능한 것이 아니다. 그러기에 우리는 순교가 하느님의 도우심 없이는 불가능하다고 믿는다.

오늘날 주님을 믿는다고 해서 죽임을 당하는 일은 없다. 그러나 우리는 알게 모르게 우리의 신앙과는 반대되는 사회 현상들에 둘러싸여 있고, 악은 우리에게 신앙을 포기하고 비신자들처럼 살라고 유혹한다.

무엇이 주님께 향한 나의 신앙과 그분의 말씀을 실현하고자 하는 것을 방해하는가?

언제 나는 주님의 말씀을 실현하라는 주님의 호소를 외면하는가?

순교 성인들의 정신을 이어받아 내 삶에서 어떻게 주님 말씀을 실현하고 이루겠는가?

제3부

깊은 데로 저어 나가서
그물을 내려 고기를 잡아라.

(루카 5,4)

13
한 사람의 영혼을 위하여

위로 - 성녀 마리 유프라시아(1796~1868), 가경자 메리 포터(1847~1913)

현장에서

어떤 사람은 집안에 부끄러운 일이 생기면, 감추기에 급급해한다. 또 불치병이나 난치병을 앓고 있는 사람들을 짐스러워하고, 빨리 죽기를 바라기도 한다.

영성 말씀

오 하느님,
제 심장에 고동 소리가 울릴 때마다,
죄인을 위하여 은총과 용서를 비는 기도가 되게 하소서.
제 호흡은 당신께 한없는 자비를 비는 것이오며
제가 보내는 모든 시선이 그들로 하여금
당신의 사랑을 얻을 수 있는 덕이 되게 하소서.
당신의 영광과 모든 영혼의 구원을 위하여

열심히 일하는 것이 제 생명의 양식이 되게 하소서. 아멘.

- 성녀 마리 유프라시아

생애와 영성

마리 유프라시아는 예수 성심과 성모 성심의 아버지 성 요한 에우데스가 1651년에 창설한 '애덕 성모 수녀회'에 입회했다. 이 수도회에 입회한 이들은 회개하려는 소녀들과 여성들의 구원을 위해 자신을 완전히 바치는 열정 서원을 했다. 이 서원은 자신이 파견되는 곳의 사람들을 위해 헌신하는 제4서원으로, 훗날 '착한 목자 수녀회'의 내적인 핵심이 된다. 유프라시아는 1831년에 '착한 목자 관상 수녀회'를, 1835년에는 '착한 목자 수녀회'를 설립하였다.

성녀는 길 잃은 한 마리 양을 찾아나서는 자비로운 착한 목자 예수님의 마음으로 인간적 나약함과 죄로 인해 상처받은 사람들, 특히 불우한 처지의 여성, 미혼모, 상처 입고 방황하는 소녀들의 영적 치유와 전인격적인 발전에 투신했다. 그리고 자신을 따르는 수녀들에게 '삶의 모든 면에서 하느님의 자비를 끊임없이 체험함으로써 어둠 속을 헤매는 사람들에게 착한 목자이신 예수님의 현존이 되라'고 했다. 십자가의 사랑과 영혼 구원을 위한 열성을 유산으로 남긴 성녀는 연민과 자비로 충만한 착한 목자의 모습과 정신이 바로 착한 목자 수녀들이 살아야 할 원형이고 본받아야 할 참된 모범이라고 말했다.

영국의 메리 포터는 '자비의 수녀회'에 입회했다가 건강이 급속히 악화되자 수녀회를 나온다. 집으로 돌아온 그녀는 병상에 누워 성 드 몽포르의 〈성모 마리아에 대한 진정한 신심〉이란 논문을 읽고 마리아의 전구에 의지하여 예수님께 서원을 했다. 성녀는 자신의 병고를 통해 고독과 공포, 무기력을 체험하면서, 아무런 준비 없이 너무 급하게 죽음을 맞이하는 사람들을 위해 기도하고 돌보라는 하느님의 부르심을 받고 1877년 노팅엄에서 '마리아의 작은 자매회'를 설립했다.

포터는 갈바리(골고타) 십자가 상의 예수님 곁을 지키던 성모 마리아처럼, 죽음에 임박한 임종자와 함께하면서 기도로 하느님의 자비를 구하며 임종자가 죽음을 잘 맞이하도록 도왔다.

메리 포터 영성은 성령께 받은 네 가지 특은에서 비롯된다. 첫째, 임종하는 이들을 위해 기도 생활에 헌신하라는 하느님의 부르심에 응답하며, 둘째, 성모님의 모성에 일치하는 생활을 하며, 셋째, 갈바리 산상의 예수님의 성혈을 통한 하느님 자비를 간구하며, 넷째, 십자가에 달리신 그리스도의 신부로서 이 소명을 성취하는 것이다.

영성 살기

집안의 누군가 병이 들면 집안 식구들도 함께 힘들어진다. 환자보다 간병하는 이가 먼저 쓰러진다는 말이 있듯이, 같이 우울해지고 같이 병고를 겪는다. 병을 앓는 이는 주변 사람들이 자기를 더 잘 돌

봐 주기를 바라고, 가족들은 병자들이 간호하는 자신들에게 너무 힘들지 않게 해 주길 바란다. 어떤 경우에는 환자와 간병하는 이가 서로 자신을 몰라 준다고 섭섭해한다.

인간의 죄와 죄를 지은 인간에 대한 유대교의 윤리주의적이고 율법(법률)주의적 문제 해결 방식은 죄를 지은 이에게 벌을 주도록 요구한다. 그래서 죄를 지은 이는 죄책감에 시달리면서도, 죄가 발각되면 자신의 모든 것을 잃고 벌을 받을까 봐 솔직하게 고백하지 못한다. 또 누가 병에 걸리거나 사고를 당하면 그 원인을 그 사람이 개인적으로 지은 죄의 결과로 돌리기도 한다. 그러나 현실에서 인과응보의 원칙은 온전히 적용되지 않는다. 또한 모든 고통이 악은 아니다.

그리스도교 사랑은 죄를 지은 이를 사랑으로 용서하고 새로운 삶을 살아갈 수 있도록 회개의 길을 열어 준다. 그리고 죄를 지었다고 내치지 않고 감싸 주고 덮어 주며 그의 부족한 부분과 그의 행위로 인한 폐해를 대신 채워 주도록 가르친다. 그리고 고통받는 사람들에게 착한 사마리아 사람(루카 10,29-37 참조)처럼 다가가도록 호소한다.

우리는 잘못을 저지르고 죄를 지은 사람을 어떻게 대하는가?

환자를 간호한 경험이 있는가? 그러한 경험이 있었다면 환자를 어떻게 대했는가? 만약 현재 간호를 하고 있다면 환자를 어떻게 대하고 있는가?

나와 가족과 사회에 어려움을 주는 사람을 어떻게 대하는가?

14
젊다는 이유 하나만으로도
사랑받기에 충분하다

청소년 사목 – 성 요한 보스코(1815~1888)

현장에서

어떤 사람들은 아이를 사랑할 줄 모르고 아이를 호되게만 대해 아이가 가출을 밥 먹듯 하게 만들고, 또 어떤 사람들은 아이를 너무 어하게 길러 아이의 버릇이 나빠져 이기적이며 어른을 공경할 줄 모르게 만든다.

영성 말씀

나에게 영혼을 주고, 나머지는 다 가져가십시오.

나는 여러분을 위해 공부하고 여러분을 위해 일하며 여러분을 위해 살고 나의 생명까지 바칠 각오가 되어 있습니다.

청소년을 사랑하는 것만으로는 부족하고 청소년 자신이 사랑받고 있다는 것을 절실히 느낄 수 있도록 교육해야 합니다.

젊은이들로부터 사랑받는 교육자가 되십시오.

젊은이는 나의 기쁨.

생애와 영성

이탈리아 토리노의 베키라는 가난한 농가 출신이자 돈 보스코로 널리 알려진 요한 보스코는 1841년 사제품을 받고 청소년들을 위한 오라토리오(기숙 기술학교)를 운영하며 강압적인 주먹다짐이나 체벌보다는 사랑과 신앙 교육을 바탕으로 한 예방 교육 영성을 통해 청소년들을 성화시키고자 하였다. 그는 그리스도의 사랑과 그 사랑에 대한 우리의 믿음이 우리가 하는 모든 것, 즉 일, 공부, 놀이 등에 가득히 스며들어야 한다고 믿었다. 그리하여 젊은이들이 하느님을 사랑하는 정직한 시민, 착한 그리스도인으로 성장할 수 있도록 교육하고자 노력했다.

돈 보스코는 자신이 체험한 하느님의 사랑을 청소년들도 느낄 수 있도록 그들을 사랑했다. 그의 교육은 언제나 복음적 사랑 속에서 자유롭고 즐겁게 행해졌으며, 평화롭고 신뢰에 찬 가족적인 분위기를 지향하며 이루어졌다. 그는 밤 인사나 개인적인 만남과 대화를 영성 지도의 기회로 삼았고 이를 고해 성사로 연결했다. 그는 처벌보다는 칭찬을 통해 그들이 올바른 행동을 계속할 수 있도록 했으며, 권고와 훈계를 할 때는 귓속말로 했다.

그는 1859년 성 프란치스코 살레시오의 친절과 온유와 겸손을 본

떠서 소년들의 교육에 헌신하는 단체인 '살레시오회'를 창립하였고, 그 후에 소녀들의 교육을 위한 '살레시오 수녀회'를 창설하였다. 평생 청소년을 위해 살았던 그는 예수님의 부르심에 즉시 모든 것을 버리고 따랐던 제자들처럼, 지금 당장 비참한 상황 속에 있는 소년 소녀들을 위해 즉시 자신을 투신할 것을 요청한다.

영성 살기

살레시안 영성인 예방 교육Sistema Priventivo의 원천은 요한 복음 10장에 나타난 착한 목자로, 하느님께서 각 사람 안에 심어 놓은 가능성을 발견하여 실현하게 도와주고, 긍정적인 힘을 강화하도록 함께함으로써 부정적인 체험을 예방하고 악을 이겨 내도록 돕는 교육 방법이다.

돈 보스코의 오라토리오에 머물렀던 수백 명의 아이들 모두가 자신들이 성인으로부터 똑같이 사랑받고 있다고 느낀 것에, 살레시오 '가족 정신'의 근원이 있으며, 이 가족 정신은 그 어떤 장애도 넘어서서 하나가 될 수 있도록 해 준다. 살레시안은 하루의 일과 안에서 행하는 크고 작은 모든 활동이 청소년을 위한 기도가 되기를 바라면서, 청소년 안에서 청소년과 더불어 일과 기도를 하나로 일치시키며, 하느님께서 주신 일상을 '기쁨'으로 채우는 매일의 영성을 살아간다.

내 아이는 내가 자기를 사랑하고 있다고 확신하는가?

나는 내 아이가 내 소유가 아니라, 하느님께서 나에게 맡기신 하느님의 아이라는 사실을 받아들이는가?

하느님께서 내 아이와 함께하시면서 보호해 주시고 이끌고 계신다는 것을 믿는가?

하느님께서 내 아이에게 심어 준 장점이나 소질은 무엇인가?

하느님께서는 내 아이를 세상에 내보내시면서, 세상에서 무엇을 어떻게 하면서 살라는 성소를 주셨는가?

나는 내 아이가 어떻게 자라길 바라는가?

내 아이는 자신이 어떤 사람이 되기를 바라는가?

나는 내 기대와 다른 내 아이의 바람을 들을 때 어떻게 대화를 풀어 가는가?

나는 내 아이가 자신의 성소를 발견하고 개발할 수 있도록 어떻게 함께할 것인가?

내 주위의 불우한 청소년을 알고 있는가? 그러한 아이를 안다면, 그 아이에게 어떻게 관심을 표현하고 배려해 줄 것인가?

오늘날의 청소년들에게 무엇이 필요한가?

오늘날의 청소년들을 위해 무엇을 어떻게 할 것인가?

15
좋으실 대로 하십시오

의탁과 헌신 – 샤를르 드 푸코(1858~1916)

현장에서

　어떤 사람들은 하느님께서 함께하시는 우리 일상의 가치를 제대로 알아듣지 못하고, 특별하거나 대단한 것들만 의미 있고 가치 있다고 여긴다. 그리고 또 어떤 사람들은 모든 것을 경쟁적으로만 받아들여 다른 사람을 형제나 친구로 바라보기보다 이겨야 할 대상으로만 보아 불편하고 고통스러운 관계를 맺기도 한다.

영성 말씀

　아버지, 이 몸을 당신께 바치오니 좋으실 대로 하십시오.
　저를 어떻게 하시든지 감사드릴 뿐,
　저는 무엇에나 준비되어 있고, 무엇이나 받아들이겠습니다.
　아버지의 뜻이 저와 모든 피조물 위에 이루어진다면
　이 밖에 다른 것은 아무것도 바라지 않습니다.

제 영혼을 당신 손에 도로 드립니다.
당신을 사랑하옵기에
이 마음의 사랑을 다하여 제 영혼을 바치옵니다.
하느님은 제 아버지이시기에
끝없이 믿으며 남김없이 이 몸을 드리고
당신 손에 맡기는 것이 어쩔 수 없는 저의 사랑입니다.

생애와 영성

푸코는 나자렛에서 보잘것없고 드러나지 않게 생활하셨던 예수님의 삶을 본받고자 트라피스트 수도회에 들어가서 생활했다. 그리고 나자렛에서 3년간 머물다 당시 가장 오지로 생각되었던 사하라 사막의 타만라세트로 건너가 1916년 암살될 때까지 원주민들과 함께 살면서 민족과 종족을 넘는 형제애를 살리려고 노력했다.

예수의 작은 형제회와 예수의 작은 자매들의 우애회 회원들의 이상인 푸코의 영성은 '나자렛 영성'이다. 푸코에게 있어 나자렛은 첫째, 세상에 인간으로 오신 예수님과 생명의 선물인 성체 안에 살아 계신 예수님을 사랑하고 매 순간 주님과 일치하는 것이다.

둘째, 구세주와 더불어 구세주가 되기 위해 예수님을 따라 가난하게 살며 그분의 복음을 실천하면서 그분을 본받고 따라가는 것이다.

셋째, 예수님을 머리로 하여 한 몸이 되어 분리와 분열을 없애고 모두 한 형제, 한 가족으로 사는 것이다.

넷째, 매일매일 사람들 가운데서 그들과 같은 처지에서 사는 것이다.

다섯째, 참다운 사랑과 평화가 있는 곳이다.

여섯째, 가장 멀리 떨어져 있는 이에게 가장 가까이 가기 위해 꺼지지 않는 열정을 다하는 전진이요, 추구요, 끊임없는 활동이다.

푸코는 또한 인간을 사랑해서 인간에게 오셨지만 인간에게 버림받아 십자가에 못 박히신 그리스도를 닮아 순교의 영광을 얻고자 했다. 그는 복음과 성체 성사 그리고 예수 성심을 통해 그리스도와 함께하고 싶어했다. 그래서 그는 침묵 가운데 위로도 없는 무미건조함 속에서 묵상의 깊이를 더해 갔다.

사랑하는 것이 순명하는 것이라고 여긴 그는 가장 가난한 이들과 불의에 희생되는 이들에게 다가감으로써 하느님께 나아가는 만인의 형제가 되고자 했으며, 이 모든 것이 신앙을 통해 이루어진다고 여겼다.

영성 살기

키르케고르는 사람은 미래에 어떻게 될 줄 모르기 때문에 불안이 싹튼다고 했다. 존 케니스 갤브레이스는 현대를 '불확실성의 시대'라 불렀다. 이렇게 보장되어 있지 않은 사회 체계와 미래에 대한 불안 때문에, 어떤 사람들은 좋은 자리에 있을 때 자기 살 방안을 구축하려고 부정까지도 저지르며, 자기 것을 남과 나누기보다 줄 것은 덜 주고 받을 것은 최대한 더 받아 내려고 한다.

이러한 사회는 인간을 하느님께서 보내 주신 선물이요, 은총, 형제로 보기보다 경쟁자로 여기게 하고 서로를 짓밟고 올라서도록 몰아간다. 그렇다면 일등만이 대접받는 이 무한 경쟁 사회에서 과연 몇 사람이나 살아남을 수 있을까?

예수님께서는 우리에게 하느님을 '아빠,' '아버지'로 부르라고 했다. 그렇다면 우리는 서로 형제다. 하느님은 우리를 모두 하나하나 사랑하셔서 따로따로 만드시고 돌보신다. 예수님께서는 그 사랑을 표현하기 위해 세상에 내려와 우리 죄를 대신하여 십자가에 못 박혀 돌아가시며 우리를 살리셨다.

운명처럼 다가오는 죽음과 미래 앞에서 우리가 할 수 있는 일은 주님께 의탁하는 일이다. 그리고 사랑이신 아버지 하느님에 대한 사랑과 모두가 형제들인 인간에 대한 사랑을 나자렛에서 완전히 일치시키며 사셨던 예수님을 끊임없이 바라보고 닮아 가려고 노력하는 일이다. 또한 특별하고 위대한 것에서만이 아니라, 우리의 평범한 일상 안에서 우리와 함께하시는 하느님을 발견하고 하느님께 의탁하며 형제애를 나누는 일이다. 특히 사회로부터 가장 소외된 예수님의 형제들을 우리 형제로 맞아들이는 일이다. 그 일이 무한 경쟁이라는 사회 속에서 오히려 살아남는 길이며, 살아남는 것을 넘어 이 땅에 하느님 나라를 완성하는 일이다.

내 이웃과 동료를 내 형제라고 생각하는가?
나는 미래를 어떻게 설계하고 있는가?

16
오메가 포인트를 향하여

과학과 신앙 - 테야르 드 샤르댕(1881~1955)

현장에서

　어떤 사람들은 자신이 직접 보고 듣고 느낄 수 있는 것이나 과학적으로 검증된 것만 사실이라고 믿는다. 그리고 종교는 과거의 신화일 뿐 과학의 세계에서 더 이상 설 자리가 없다고 여긴다.

영성 말씀

　지금은 창조 행위에 신심을 바치고 창조계에 자기를 결속시킴으로써 모든 노력을 다하여 세계를 완성으로 이끌어 가는 그것이 곧 하느님께 바치는 흠숭이 되었다. …… 사랑은 공동의 발전을 위해 자기 목숨을 내놓는 데에 그 절정이 있다.

생애와 영성

1911년 사제가 된 프랑스 예수회원 테야르 드 샤르댕은 지질학과 교수로 그의 진화론적 인간관과 우주적 그리스도론 그리고 과학적으로 추론된 하느님에 관한 사상 등이 문제가 되어 중국으로 쫓겨났다. 그러나 그는 1928년 베이징 근처에서 베이징 원인(京北原人)의 유골을 발견하고, 1951년에 인류의 기원이 아프리카에 있음을 밝혔다.

그는 1934년부터 인간과 진화론에 대해 신학적인 해석을 하였고, 1939년 제2차 세계 대전의 발발과 함께 베이징에 구금되어 있으면서 《인간 현상》을 통해 '인류의 진보'와 '하나 됨'을 설파했다. 비록 그 원고가 당시엔 교황청의 허락을 받지 못했지만, 그는 이 책을 통해 인류 진보의 꿈을 좌절당한 세대에게 새로운 희망과 용기를 주고자 했다.

그것은 사랑으로 서로 하나가 되는 가운데에 이루어지는 진화다. 세계의 근원은 같으며 본래 하나라는 관점에서 다시 일어서도록 요청했다. 그는 그리스도교의 현상, 즉 사랑을 대안으로 제시했다. 인류가 사랑 안에 하나가 되어 그리스도로 상징되는 오메가 포인트를 향하여 미래를 이루어 가도록 요청했다. 1998년 《뉴스위크》지는 이 책을 '과학과 종교의 절묘한 만남'이라고 칭했다.

그의 영성은 세 단계로 나뉘지는데, 그것들은 동시에 발전하면서 통일된 세계관을 형성한다. 하나는 과학적 진화 현상론이고, 다른 하나는 그리스도론이며, 셋째는 역동적 그리스도교 영성으로서 현세 참여와 정복의 적극성이다.

그는 전통적인 창조론에 인간의 적극적 참여라는 진화적이며 역동적인 개념을 덧붙여, 창조는 그리스도의 강생과 구속과 밀접히 결부되어, 충만한 그리스도를 향해 진화하고, 그분의 초자연적 영향 속에 잠입해 있는 우주는 오직 오메가이며 완성자이신 그리스도 안에서만 그 존재 의미를 갖는다고 설명했다. 창조가 만물의 통합 과정이라면, 진화는 하느님이 전 우주를 당신과 합일시키는 데 사용하는 유일무이한 방법이다.

그는 과학적인 진리 탐구와 사회 구조의 발전을 위해 인간의 에너지를 충분히 개발하고 이용할 것을 강조하며, 새로운 형태의 윤리와 영성을 개발했다. 전통 영성에서는 인간의 자연적이고 능동적인 활력을 억제했지만, 그는 개인적이고 사회적인 차원에서 각자가 지닌 모든 힘을 활성화하고 아주 작은 가능성이나 잠재력도 활용하고자 했다. 그리스도인은 궁극적으로 하느님을 믿고 사랑하기 때문에, 자신의 현세적 직무에 전적으로 매진할 때 자아마저 망각하고 현세를 초탈한다.

과거 신학에서는 고통과 희생, 그리고 속죄를 바탕으로 하여 죄에 대한 보상과 속죄라는 소극적 의미의 십자가 영성으로 현세 도피와 이탈적인 경향을 띠었다면, 그의 영성은 그리스도께서 우주를 상승시키는 역동적인 능력과 정복이라는 적극적 의미의 십자가 영성으로 현세를 적극적으로 참여하게 하고 초탈로 이끈다. 물론 여기에 계속적인 희생과 자아 포기, 이기적인 나태 극복이 요구된다. 그의 영성은 이웃에게 해를 끼치지 않고 자선을 베푸는 것에서 그리스도를 향하여 이웃과 전 세계의 행복과 발전을 위한 능동적인 헌신으로 이끈다. 그 원동력은 그리스도의 사랑이며, 신앙과 순결 그리고 충실성을 바탕으로 한다.

영성 살기

사람들은 살면서 여러 가지 악과 대면하게 된다. 실패, 불상사, 육체적·정신적 결함, 질병, 노쇠, 죽음 등으로 드러나는 악은 인생의 진로를 방해하고 때론 좌절하게 한다. 악은 무기물에서는 분해로, 생물에게서는 고통 및 죽음으로, 그리고 인간 의식 영역에서는 죄로 나타나며, 거기서 벗어나 더 높은 단계로 나아가기 위한 대가로 고통과 희생을 수반한다. 그리스도는 세상의 모든 죄와 그 죄를 야기한 창조의 모든 짐을 짊어지고 돌아가시어 우리를 구원하셨다.

우리와 이웃들의 더 나은 삶과 행복을 위해 내가 할 일은 무엇인가? 이를 위해 내 가정, 내 일터, 내가 속한 공동체와 사회 차원에서 실현 가능한 것이 무엇인지 구체적으로 나누어 보고 실현하자.

17
평신도를 선두로

평신도 양성 – 조셉 까르댕(1882~1955)

현장에서

어떤 사람들은 성당의 모든 일에 신부가 나서서 해결해 줘야 한다고 생각한다. 그래서 마치 신부가 만능 슈퍼맨이거나 교회에는 평신도들은 없고 신부만 있는 것처럼 여겨, 모든 것을 신부에게 의존하고 신부에게 맡기려고 든다.

영성 말씀

노동자들은 기계도 동물도 아니다. 이들도 하느님의 모습을 닮은 존귀한 인간이다.

오늘날 전쟁으로 초래된 악과 시련은 인간 존엄성과 노동 청년들의 현세적 운명에 대한 우리의 신념에 반박할 수 없는 증거를 남길 섭리적인 기회가 아닌가 한다. 우리는 이 시대의 제1선에 선 그리스도인으로서, 고통과 번민으로 말미암아 물질적 · 정신적 사랑을 보일 기회가 있을 때마다, 노동 청년들을 위협하는 육체적·도덕적 위험에 대처하여 우리의 애정 깊은 영향력을 행사할 기회가 있을 때마다 단연 나서야 할 것이다.

생애와 영성(관찰-판단-실천의 영성)

노동자의 가정에서 태어난 조셉 까르댕 추기경은 인간이 살면서 겪는 여러 가지 일들을 바라보면서 '왜 이러한 일이 생겨야 하는가?'라는 질문을 던지며 그의 '관찰' 시기를 시작했다. 그리고 어머니 역시 그에게 가난한 이웃에 대한 관심과 배려를 아끼지 않도록 가르쳤다.

그는 신학교 방학 때마다 친구들을 만나 '왜 노동자들이 교회를 떠나게 되었는가? 노동과 교회의 관계는 무엇인가? 노동과 신앙은 어떠해야 하는가? 이 교회가 노동자와 어떤 관계를 맺고 있고, 어떤 영향을 주고 있는가?' 하는 질문을 통해 '판단' 시기를 거치면서, 노동계와 젊은이들의 복음화에 몰두하기 시작했다.

1906년 사제가 된 후 까르댕은 '두 눈은 하늘을 보아야 하지만 두 발은 땅에 두어야 한다'고 말하며 노동자들을 위한 쇄신이 필요함을 절실히 느끼고 이에 투신할 것을 다짐했다. 그는 교회가 그동안 젊은 노동자들이 타락하는 것을 막아 주지 않았고, 애덕에 대해서는 가끔 사회 복지의 측면을 강조해 왔다고 느꼈다. 그래서 그는 노동 조건의 개선만이 인간 성숙을 촉진한다고 보지 않았으며, 공장은 노동자들이 자신들의 노동을 파는 곳이 아니라 자신을 성화하는 곳이라고 강조하면서, 젊은 노동자들이 스스로 자신들의 문제를 해결하여야 한다고 보고, 1919년 '가톨릭 노동 청년회'를 창설했다.

그는 소비 사회와 유물론의 태풍 안에서 인간의 성숙을 향상시키고자 하는 자신의 역할을 발견하였다. 그는 일생 동안 '과연 종교와 생활이 일치하는가 또는 분리되는가? 그리스도께서 우리와 함께 가난한 자 안에 계시는가? 누가 가난한 자인가? 그럼 어떤 방법을 쓸 것인가?' 하는 질문을 던지면서 이에 맞서 실천해 나갔다.

영성 살기

사회생활을 하는 평신도들이 사회의 일차적인 선교사다. 이에 대해 비오 11세 교황은 "나는 가톨릭 노동 청년회원들을 선교사라고 생각합니다."라고 말했다. 그리고 회칙《사십 주년》을 통해 '생명 없는 물질은 공장에서 값진 상품이 되어 나오지만, 이 세상에서 가장 고귀한 인간은 그곳에서 한갓 쓰레기로 변하고 만다'고 하면서 그들이 처한 현실을 아파했다. 그러면서 이를 변화시키기 위한 복음화에 있어 '노동자들의 일차적인 사도는 노동자 자신이어야 하며, 상공업자의 사도는 상공업자 자신이어야 한다'고 밝혔다.

까르댕의 생활 반성의 영성은 우선 자기 자신 마음의 변화, 곧 회개에서 출발한다. 세상의 구조를 바꾸기 위해서는 많은 시간과 노력이 필요하다. 회개하고 변화하는 과정은 우리 안에서 무엇인가를 행하도록 이끈다. 살다 보면 예기치 않은 사건에 맞닥뜨리게 된다. 까르댕은 이를 '삶과 마주친 청년 노동자'라고 명했다. 그럴 때 자기 혼자만의 힘으로는 하느님의 뜻을 깨우치기가 어렵다. 그래서 동료들과 함께 나누며, 자기 삶 속에 다가온 하느님의 뜻을 모색하게 된다. 그때 성경과 성전의 도움을 받는다. 성경 속에서 사건의 본질과 의미를 더 뚜렷이 볼 수 있다. 또한 우리가 사건 속에서 하느님의 뜻을 찾기도 하지만, 어떤 때는 하느님께서 그 사건들을 통해 우리를 부르기도 하신다.

조셉 까르댕의 생활 반성에 따른 영성적인 접근은, 이렇게 자기에게 닥친 사건과 상황을 곰곰이 되새겨 보면서, 무엇이 문제고, 관계 당사자들은 그 사건과 상황이 어떻게 되기를 바라는지 주님의 눈으로 '관찰'하고, 주님께서는 이때 우리에게 어떻게 풀어 나가라고 하시는지를 성경과 성전 안에서 '판단'하고, 그렇게 알아낸 주님의 뜻을 형제들과 함께 애덕으로 '실천'해 나가는 것이다. 그리고 또 실천한 결과를 다시 관찰하고, 새로운 상황에 맞추어 판단하여, 반복적으로 실천함으로써 내 삶과 내 주위를 복음화해 나간다.

오늘 나의 가정과 일터에서 맞닥뜨리는 사건과 상황은 무엇이며, 관계 당사자들이 원하는 것은 무엇인가?

오늘 나에게 닥친 사건 속에서 주님께서는 무엇을 어떻게 하라고 부르시는가?

오늘 내가 머무는 가정과 직장 그리고 이웃 안에서 복음의 첫번째 선교사로서 나는 무엇을 어떻게 하겠는가?

18
사회 커뮤니케이션 수단을 통해 복음을 전하라

대중 매체 – 복자 야고보 알베리오네(1884~1971)

현장에서

어떤 사람들은 책이나 텔레비전에 나와야 사실로 믿고 따르지, 말로 하면 잘 귀담아 듣지 않는다. 그리고 대중 매체에 나오는 대로 따라 하고 그것을 기준으로 삼고 거기에 맞춰 살고 싶어 한다.

영성 말씀

사회를 병들게 하는 비도덕적인 출판에는 신앙과 도덕으로 무장한 강력한 조직으로 맞서야 합니다. 그리고 무엇보다도 대중 속에 하느님의 말씀, 성경을 보급해야 합니다.

원하든 원하지 않든 세상은 우리 것입니다. 그러므로 우리가 이 세상을 장악하지 못한다면 그것은 우리의 의무를 다하지 못하는 것입니다.

하느님은 그들에게 천사들까지도 시기할 만한 '훌륭한 사회 커뮤니케이션 수단의 사도직'을 무상으로 주셨고, 한 사람의 훌륭한 신문기자는 많은 사람을 구원할 수 있는 힘을 갖고 있습니다.

생애와 영성

1884년 4월 4일 이탈리아 피에몬테 주 쿠네오 지방의 산 로렌조에서 태어난 야고보 알베리오네 신부는 1900년 12월 31일 밤 성체 앞에서 철야 기도를 하던 중 성체로부터 빛을 받아 '대중 속에 하느님의 말씀, 성경 말씀을 스며들게 해야 한다'는 소명을 간직하고, 1914년 8월 20일 '작은 노동자 인쇄 학교(성 바오로 수도회 전신)'를 세우면서 청소년들을 교육하기 시작했다. 이후 네 개의 수도회(성 바오로딸 수녀회, 스승 예수 제자 수녀회, 선한 목자 예수 수녀회, 사도의 모후 수녀회)와 네 개의 재속회(예수 사제회, 대천사 가브리엘회, 지극히 거룩한 성모 마리아의 영보회, 성가정회) 및 한 개의 협력자회를 더 설립하여 바오로 가족을 이루었다.

알베리오네 신부는 성 바오로 사도가 아테네에 가서 아레오파고 광장에서 '알려지지 않은 신에게'란 제단이 주님의 제단이라며 설교를 시작했던 것처럼(사도 17,23 참조), 출판, 영화, 라디오, 텔레비전, 레코드 등 현대의 사회 커뮤니케이션 수단을 통해 예수 그리스도를 선포하고자 했다. 변화하는 세상의 흐름을 기반으로 거기에 맞추어 복음을 선포하지 않으면 세상을 잃어버리는 것이기에, 길이요 진리요 생명이신 예수 그리스도를 변화하는 세상의 흐름에 맞춰 살고 온 세상에 전하는 것, 이것이 알베리오네 영성의 기초이며 이 영성은 성 바오로 사도의 영성과 깊은 연관이 있다.

알베리오네 신부는 성 바오로 사도처럼 열정적인 사도였고 저술가였으며 영성가였다. 그는 커뮤니케이션 수단의 사도직에 종사하는 사람은 온 세상 사람들을 대상으로 하기에 그 성덕이 아주 뛰어나야 한다고 했다. 그는 장상이 시켜서 하는 것이 아니라, 온 마음과 온 정성을 다해 그 안에 담긴 하느님의 뜻을 알아듣고 실천하는 것이 순명이라고 했다. 또한 그는 순명과 인내, 책임과 사랑을 같은 덕목으로 생각했다.

그는 대중 속에 하느님의 말씀 곧 성경 말씀을 스며들게 해야 한다는 소명으로 모든 일을 하느님 앞에서 결정했고, 결정한 일은 미루지 않고 실천했다. 하느님 말씀은 세상 끝까지 모든 이에게 자유롭게 펼쳐져야 하기 때문이다.

영성 살기

과학이 발전하면 종교가 신화로 전락하리라고 속단하는 사람이 있다. 그리고 사회와 문화가 그리스도교 전교에 방해가 된다고 여기는 사람도 있다. 그러나 17세기 초, 중국에서 선교한 마테오 리치 신부는 천주교와 유교가 서로 상반되고 모순되는 것이 아니라, 천주교가 유교를 보충한다(보유론)고 했다. 그는 그 시대의 주류 문화를 선교의 걸림돌이 아니라 발판으로 삼은 것이다.

우리나라도 제사 문제가 과거에는 천주교 선교의 걸림돌이었지만, 오늘날에는 천주교에서 제사를 우상 숭배가 아니라 한국의 문화 풍습으로 삼음으로써, 대대로 조상 제례를 지내왔던 한국 사회에 선교의 한 강점으로 자리하고 있다. 변화하는 사회와 그 사회의 새로운 현상들을 비판하고 무시만하지 말고, 사람들을 사로잡고 또 사람들이 새로 만든 현상을 잘 관찰하면서 그 낯설고 새로운 현상도 그리스도교 복음을 선교할 수단으로 삼아야 한다. 하느님은 어디에나 계시고, 언제나 우리와 함께하시기 때문이다. 그것이 우리의 믿음이며, 성 바오로 사도와 선조 선교사들이 걸어온 길이다.

오늘 내가 사는 사회 문화 속에서 복음을 가장 효과적으로 전할 수 있는 방법은 무엇인가?

내 주변에서 복음을 전할 수 있는 가장 간단하고 자연스러운 수단은 무엇인가?

우리의 어떤 문화와 풍습이 복음의 전승과 어떻게 유사하고 또 상이한가? 그리고 그것들을 어떻게 복음 선교에 활용할 수 있을까?

제4부

내가 너희를 사랑한 것처럼
너희도 서로 사랑하여라.

(요한 13,34)

19
사랑으로 자신을 희생한 그리스도를 본받자

교회 공동체 건설 - 목이세(요안 에드워드 모리스, 1889~1987)
남대영(루이 델랑드, 1895~1972)

현장에서

어떤 사람들은 좁고 어려운 길보다 넓고 쉬운 길을 선택한다. 그래서 외형적으로 보기에 크고 화려하여 많은 사람들이 참여하는 곳을 좋은 곳으로 여겨 자신도 그리고 가고 싶어 한다.

영성 말씀

겉으로 보아서는 작은 것 같은 공로들에 하느님께서는 가장 큰 영광을 주십니다. 작은 행동들을 완전히 합시다. 하느님께는 작은 일이 없습니다. 작은 일들은 하느님만을 위한 것입니다.

- 남대영

생애와 영성

 목이세(요안 에드워드 모리스) 몬시뇰은 메리놀 외방 전교회 소속으로 1923년 한국에 파견되어 평안남도 영유 본당에서 한글 학교, 고아와 장애인 등 어려운 사람들을 위한 숙소와 학교를 세우며, 언어와 문화의 차이에서 오는 많은 어려움에도 불구하고 활발하게 사목하였다. 그 후 한국 민족사의 가장 암울한 시기였던 1930년 4월, 제2대 평양 교구장에 임명되면서 그는 한국 최초로 선교사 강습회를 개최하고, '가톨릭 운동'을 일으켜, 평신도들이 일제 강점기에 한국 민족이 겪는 어려움을 그리스도교 신앙으로 극복하도록 이끌어 주었으며, 문서 선교로 월간지 《가톨릭 연구》를 창간하는 등 본당과 교구 운영에 새로운 선교 정책을 수립하며 활발한 선교 활동을 전개하였다.

 깨어 있는 선교사로 시대의 징표를 읽은 그는 1932년 한국 민족과 온 인류에게 예수 그리스도의 기쁜 소식을 전하기 위하여 '영원한 도움의 성모 수도회'를 설립하였고, '성경 연구에 특별히 힘쓰며' 선교 수녀로서의 자질 향상을 위한 교리 교육을 중시하였다. 그의 불굴의 선교 열성은 오늘날 영원한 도움의 성모 수도회가 지닌 고유한 '복음 선포'의 특성 안에 면면히 이어져 흐르고 있다. 그는 하느님의 영광과 한국을 위해 순교 정신으로 일생을 바쳤으며, 희생 정신으로 모든 이에게 모든 것이 되기 위해 사랑으로 자신을 소모하면서 그리스도를 본받고자 노력했던 선교사였다.

 파리 외방 전교회 남대영(루이 델랑드) 신부는 1934년 경북 용평 본당에 부임하여 환자를 위한 무료 진료소를 개설하였고, 글을 모르는 어린이들을 가르쳤다. 그는 가난하고 불쌍한 이웃을 위해 여섯 명의 동정녀를 모아 '삼덕당(예수 성심 시녀회)'을 설립하고, '성모 자애원'을 세웠다.

그가 설립한 '예수 성심 시녀회'의 영성은 첫째, 자비로우신 하느님 아버지의 섭리에 항상 신뢰하고 감사드리며, 하느님과 인간에 대한 사랑으로 충만하신 예수 성심의 사랑을 배우고 실천함으로써, 그분을 온전히 닮은 제2의 그리스도가 되고자 하는 것이다.

둘째, 주님 손안의 연장으로서 "이 몸은 주님의 종입니다." 하신 성모님의 모범을 따라 항상 대기하는 시녀의 자세로 섬기러 오신 예수 성심을 따라 겸손된 자세로 섬기는 것이다.

셋째, 가난을 선택하여 가난한 이들과 함께하며 공동체 안에서 깊은 형제애를 실천함으로써 정의와 기쁨, 평화와 사랑으로 하느님을 찬양하고 감사하는 프란치스칸의 삶을 사는 것이다.

영성 살기

나무가 잘 자라려면 뿌리가 영양분을 잘 흡수하여야 하고, 뿌리가 영양분을 잘 흡수하려면 잔뿌리가 효과적으로 작용해야 한다. 우리 사회도 겉에 보이는 문화와 산업이 활발하고 발전되려면 보이지 않는 노력들이 있어야 한다.

모두 다 일등이 될 수 없고, 모두 다 장툱 자리에 앉을 수 없다. 그리고 그 장 자리에 앉은 사람 혼자서 모든 것을 이끌 수 없다. 그 사람이 좋은 결정을 내리고 그 일을 잘 집행하기 위해서는 누군가 대신 준비하고 실행하는 사람들이 있어야 한다. 누구든지 각자가 자기에게 맡겨진 일을 더 정확히 그리고 더 열심히 해 주어야만 모든 일이 원활해지고 우리 모두가 살게 되는 것이다. 내가 맡은 일을 제대로 하지 않으면 그만큼 손실이 난다는 것을 알기에, 그리고 누군가 그 자리를 채워서 해야 하는 일이기에, 누가 인정해 주거나 칭찬해 주지 않아도, 비록 내 일이 작고 보잘것없어 보여도 내가 맡은 역할을 묵묵히 수행해 나가야 한다.

한 걸음 더 나아가, 서로 다른 자리에 있는 사람들이 서로의 처지를 이해해 주고, 허물을 감싸 주고 덮어 주며, 모자라는 것을 채워 줄 때, 비로소 우리가 다 같이 살 수 있게 된다. 그런 의미에서 그리스도인은 특별히 모자라고 부족하고 나약한 면을 채워 주는 사람이다. 주 예수님께서 우리 죄인들의 완성을 위해 당신 목숨까지 바쳐서 우리를 구해 주셨기 때문이다.

하느님께서 사회를 통해 나에게 맡기신 역할은 무엇이며, 나는 그 역할에 감사하며 충실히 살고 있는가?

내 주위에 그리고 사회에서 곤란을 겪고 있는 사람이 있는가? 그 사람의 허물을 어떻게 감싸 주고 채워 줄 것인가?

20
점성 정신과 침묵 대월로
면형 무아를 이루자

비움과 일치 - 방유룡 안드레아(1900~1986)

현장에서

어떤 사람들은 자기 뜻을 펼치기 위해 온갖 전략을 다 짜내어 한 가지라도 더 하고 한 사람이라도 더 찾아가서 다른 사람들을 설득하고 어떻게든 자기 뜻을 이루려고 한다. 자기 노력 여하에 따라 그리고 경우에 따라서는 자기의 재력 등의 배경이 자기 일의 성취 여부를 결정한다고 여긴다.

영성 말씀

주는 내리시고 내리셨네, 물과 같이 내리셨네.
하늘에서 땅으로, 땅 속까지 내리셨네.
모든 이에게 봉사하시고 발까지 씻어 주셨네.
당신을 텅 비우시고 땅 속까지 내리셨네.

그분은 무가 좋으시어 면형으로 가셨네.
우리도 무로 가세, 무가 바로 면형일세…….

생애와 영성

서울대교구 사제였던 방유룡 안드레아 신부는 순교 정신으로 완덕을 지향하는 수도 생활을 염두에 두고 '한국 순교 복자'라는 이름으로 가족 수도회(1946년 한국 순교 복자 수녀회, 1953년 한국 순교 복자 성직 수도회, 1962년 한국 순교 복자 빨마 수녀회)를 창설하였다.

방 신부의 영성을 집약한 단어는 면형 무아麵形無我인데, 이는 가톨릭교회의 전통적인 영성인 성체 신비와 밀접하다. 면형은 면주 형상麵酒形相의 준말로서, 성체를 의미한다. 무아는 십자가에 죽기까지 자신을 낮추고 비우신 예수님이시고, 겸손의 극치며, 하느님과의 일치를 추구하는 모든 이의 최종 목표다. 무아에 이르기 위해서는 무사 무욕(자기 욕심을 버림)이 필요하다. 헛되고 사악한 욕심을 부리지 않아야 무아이신 예수님과 일치에 이를 수 있다.

면형무아라고 하는 목표에 이르기 위해서 몇 가지 과정이 필요하다. 첫째, 점성 정신點性精神으로서 작은 것에 충실하는 정신이다. 방 신부는 점성을 강조하면서 매사에 '알뜰하게, 빈틈없이, 규모 있게, 정성스럽게' 하라고 가르쳤다. 이 정신을 이해하기 위해서 소화 데레사의 '작은 길'을 참고하라고 말한다.

두 번째는 침묵인데, 이는 완덕론에서 정화기淨化期에 해당하는 단계이다. 침묵은 단순히 말을 안 하는 것이 아니라, 내면의 사욕을 물리치는 노력을 뜻한다. 그렇기 때문에 무사무욕의 노력이 곧 침묵이라고 할 수 있다.

세 번째는 대월對越인데, 이는 완덕론에서 조명기照明期에 해당하는 단계이다. 이 단계에서는 하느님의 특별한 도움으로 하느님을 직관하는 은총을 누리기도 한다. 이러한 단계들을 거쳐 완성이요 일치인 면형 무아에 이르게 된다.

영성 살기

방 신부는 하느님의 창조가 지금도 계속된다고 이해했다. 그리고 우리 인간은 이러한 창조 안에서 하느님의 동반자가 되고, 하느님께 협력하는 존재가 된다는 사실을 부단히 반복한다.

"하느님께서 인간 안에서 당신의 사업을 전개할 수 있도록 인간이 자신의 문을 열어야 한다."(강론 1960년 4월 10일)

하느님은 사랑의 빛 형태로 인간 앞에 서 계신다. 이 빛이 우리에게 다가오고 빛 안에서 하느님을 뵈옴으로써 하느님과의 일치를 이루어 내려면 먼저 인간이 자신의 문을 여는 것이 필요하다. 여기서 인간이 자신의 문을 여는 행위는 협력을 의미한다. 그러나 하느님과의 일치에서 정말 중요한 것은 무상으로 주어진 하느님의 은총이다. 이것에 늘 감사하고 기쁘게 살아야 한다.

하느님의 말씀을 지키면, 하느님의 창조에 협력하는 것이 된다. 방 신부는 하느님의 말씀을 지키는 것에 대해 이렇게 말한다.

"하느님이 말씀하시는 것은 하늘 위에 있는 것도, 바다 건너에 있는 것도 아니며, 또한 하늘 위에 올라가고 바다를 건너가서 계명을 배우는 것이 아니라 목전에 닥쳐오는 범상한 일에서입니다. 이 범상한 일을 지나서 미소한 일, 더 나아가서는 천대와 모욕, 십자가의 하느님은 당신 사랑의 보화를 담뿍 채워 놓았으니, 성인이 되기 위하여, 성화되기 위하여 특별한 것을 요구할 것은 없습니다."(강론 1959년 8월 22일)

하느님께 내 문을 열어 드리기 위해, 오늘 내 삶에서 무엇을 어떻게 하겠는가?

하느님의 창조 사업에 참여하기 위하여, 성화되기 위하여, 면형 무아가 되기 위하여, 오늘 내 삶에서 내가 지킬 하느님의 말씀은 무엇인가?

21
인보 정신으로 행복하게 살자

인보와 행복 – 윤을수 라우렌시오(1907~1971)

현장에서

어떤 사람들은 행복이란 자기가 갖고 싶은 것을 다 갖고, 하고 싶은 것을 다 하는 것이라고 생각한다. 또 그러기 위해서는 돈도 많아야 할 뿐 아니라 사회적 지위도 높아야 한다고 생각한다. 그래서 무슨 수를 써서라도 더 가지고 더 높은 자리에 올라 섬으로써 자기 뜻을 이루고자 한다. 그때야 비로소 행복해진다고 여기기 때문이다.

영성 말씀

우리의 행복은 자아에 대한 참된 겸손, 남에 대한 사랑, 즉 인보隣保 정신에 있고……, 사람이 현세에서 누릴 만한 깨끗한 행복은 양심과의 벗함이며 양심이 편안한 것보다 더 신성한 낙이 없다. 양심의 소리를 잘 들어 그 지휘하는 대로 항상 따라가게 되면 그의 친한 벗이 될 것이요, 더없는 평화 안에 일생을 지내게 될 것이다.

우리의 이상은 병들고 가난하고 부칠 데 없는 이웃을 돕는 인보 사상을 실현하는 데 있다. 이웃과 같이 웃을 수 있는 동정이 있고, 남을 돌보아 주려는 일에 언제나 마음의 준비가 되어 있고, 내가 먹고 싶은 것을 남이 먹는 데서 행복을 느낄 수 있다면 그리스도께서 말씀하신 천국의 행복이 우리에게 있을 것이다.

이웃을 도우라는 인보 정신은 반드시 남을 먹이는 것뿐만 아니라, 어느 누가 되었든 간에 그를 존경한다는 정신이다. 사회 사업이란 참다운 그리스도의 제자의 마음을 말하는 것이며, 어렵고 괴로운 사람을 도울 수 있는 아량을 가진 사람이 참다운 그리스도의 제자요 사회사업가라고 할 수 있다. 그리스도를 따르는 제자들은 스스로 행복하여야 하고, 행복이 없다는 세속에서 행복하게 사는 증인이 되어야 한다. 마음 바르게 부지런히 넘치는 행복을 그들에게 전해 주는 것이 참된 의미의 전교이다.

생애와 영성

윤을수 신부는 자신이 받은 하느님의 사랑을 이웃과 나누고자 했던 실천적인 영성가였다. 그는 〈조선의 유교사〉라는 논문으로 한국 천주교회 최초로 프랑스 파리 소르본 대학에서 박사 학위를 받고, 한국 최초의 사회 복지사(사회사업가)로서 국제 대회에 한국인 대표로 참여하기도 했다. 1956년엔 한국 최초의 사회 복지사 양성 전문 기관인 '구산 후생 학교'를 세웠고, 그 학생들을 사회반과 수도반으로 나누어, 수도반 학생을 중심으로 '인보 성체 수도회'를 설립했다.

윤 신부 영성의 핵심인 '인보 정신'은 동정에서 비롯된 자선 사업만이 아니라, 하느님의 사랑을 이웃과 쪼개어 나누는 성체 성사의 영성이다. 달리 말하자면, 인보 정신을 구현함으로써 행복 영성을 살 수 있게 된다는 것이다. 성체 성사의 뜻에 깊이 박혀 있는 인보 정신으로 한 사람 한 사람의 인격을 존중하고, 인간의 존엄성을 회복시킴으로써 참행복에 도달할 수 있다고 보았다.

윤 신부는 인보 정신을 '그리스도의 인생 행복관'이라고 했다. 이 행복 영성의 기초는 '우리를 사랑의 눈으로 내려다보시는 자비로우신 하느님 아버지의 안배와 무조건적 사랑에 대한 깊은 신뢰'다. 이 기초 위에서 진리와 사랑의 길이신 예수 그리스도를 따라, 하느님과 일치하여 그분의 사랑 안에 머물면서, 완전한 자기 봉헌과 이웃 사랑의 헌신을 통하여 기쁨과 행복을 누리게 된다고 한다.

이 행복은 양심의 평화에 기반하고, 양심의 평화는 의를 따라 나가는 데서 얻게 된다. 그러기 위해서는 하느님 외에는 어떤 것에도 매이지 않는 자유롭고 갈림 없는 마음으로 부지런히 인보의 덕을 체현하고 자신을 수련함으로써 이웃을 평화롭게 하는 수기안인修己安人을 이루라고 설파했다. 그는 1971년 선종하면서 자기 묘비에 "어머니 품에서부터 땅에 묻힐 때까지 웃으며 행복에 넘쳤던 사람"이라고 새겨 달라는 유언을 남기기도 했다.

영성 살기

기쁜 소식, 복음을 받아들이고 사는 그리스도인들 중에도 참기쁨을 누리지 못하고 자존감 없이, 남과 비교하면서 열등감에 사로잡혀 사는 사람들이 있다. 나를 만들고 존재하게 하신 하느님께서 있는 그대로의 나를 무조건 사랑하신다는 사실을 체험하고, 그 사랑에 온전히 의탁하기만 한다면, 하느님과 자기 자신, 또 이웃과의 관계를 올바로 정립할 수 있게 된다.

있는 그대로의 자기 자신을 겸손하게 받아들이면 고통 중에서도 끝까지 지조 있는 삶을 살 수 있는 힘을 얻게 된다. 또한 연민의 정으로 이웃을 존중하고 사랑하며, 특히 어렵고, 외롭고, 괴로워하는 사람을 돌보아 주는 참다운 그리스도의 제자 정신을 기를 수 있다.

나는 있는 그대로의 나 자신을 기쁘게 받아들이고 있는가?

나는 주님의 사랑을 받고 그 사랑을 나누면서 행복하게 살고 있는가?

나는 나의 관심과 사랑을 기다리고 있는 사람을 존중하면서 사랑을 나누는가?

22
낮은 자리로 내려가라

강생 – 성재덕(피에르 생제르, 1910~1992)

현장에서

어떤 사람들은 일류 대학에 들어가고 더 좋은 직장, 더 높은 자리를 차지하려고 혈안이 되어 있다. 그래야만 이 험한 세상에서 잘 살 수 있다고 생각한다. 자기 자신의 처지를 받아들이지 못하고, 자기보다 사회적으로나 경제적으로 어려운 사람을 바라보지 못한다.

영성 말씀

기뻐하라 소비녀

만일 너를 몰라주고 잊어버리는 사람이 되어도 기뻐하라.
만일 네 정신과 육신이 못생겨도 기뻐하라.
만일 다른 사람들이 네 뜻을 반대해도 기뻐하라.
만일 네게 천한 일을 시켜도 기뻐하라.
만일 너를 쓰지 않아도 기뻐하라.

만일 네 뜻을 청하지 않아도 기뻐하라.
만일 너를 믿어 주지 않아도 기뻐하라.
만일 너를 말째로 두어도 기뻐하라.
만일 너를 한 번도 찬양하지 않아도 기뻐하라.
만일 너를 모든 사람보다 더 중히 여기지 아니 하여도 기뻐하라.

생애와 영성

프랑스인 성재덕(피에르 생제르) 신부는 1928년 파리 외방 전교회에 입회하여 1935년 사제품을 받고 바로 선교사로 한국에 파견되었다. 1943년 '성가 소비녀회'를 창립해 하느님을 성실하게 모시는 비천하고 작은 여종(소비녀)들을 양성했다. 당시 한국 사회는 일제 강점 아래에서 전쟁으로 헤어진 가족들과 부상자들, 굶주리고 헐벗은 고아들이 생겨나는 등 전쟁에서 오는 온갖 문제들을 안고 있었다.

성 신부는 예수님이 하늘에서 세상에 내려오셨듯이, 하느님께서 신자들, 특별히 수녀들을 통해 가난한 이들에게까지 내려오셨으므로 성가 소비녀들이 더 낮은 자리로 내려가, 가난한 이들을 섬기고 그들과 함께 살며 그들의 구원을 위해 협력하는 강생의 영성을 삶으로써 그리스도의 인자하신 얼굴을 보여 주도록 하였다. 그리고 나자렛 성가정을 수도회 주보이며 모델로 제시하였다. 하느님의 뜻에 순명했던 마리아와 요셉 그리고 그리스도의 30년 겸손과 가난과 노동, 그리고 침묵의 관상 생활은 비천한 주님의 종들이 지향해야 할 생활

방식이었다.

성가 소비녀들이 살아야 하는 종의 정신은 자신을 낮추는 겸손의 정신으로 일하며, 사람들로부터 인정받지 못해도 서운해하지 않고 자신이 해야 할 일을 다하는 것으로 만족함으로써 그 결과에 집착하지 않는 것, 즉 꽃과 열매의 영광은 주인에게 돌리고 보이지 않는 뿌리로서 만족하는 삶임을 강조했다. 그는 소비녀 스스로가 벌어서 불쌍한 사람 하나씩 부양하라고 하며, 자신이 직접 나병 환자의 수발을 들면서 그의 이마에 입을 맞추고 직접 몸에 쬔 구더기를 파내는 종의 모습을 보였다.

영성 살기

성재덕 신부는 필리피서 2장 6~7절을 바탕으로 한 '강생'의 영성을 살았다. 예수님의 강생은 비움과 종의 정신을 내포하고 있다. 하느님을 믿고 구원과 영원한 삶에 대한 희망이 있을 때 비로소 종이 되어 살 수 있다. 성 신부는 '하느님의 종, 인간의 종, 교회의 종'으로 살기를 바랐다.

예수, 마리아, 요셉의 나자렛 성가정은 하느님의 뜻을 가정생활에 맞추어 적용한 가정이다. 그리고 참행복은 인간적인 차원에서가 아니라 신앙의 차원에서 이룰 수 있다. 참행복은 주님의 뜻을 사는 것이고, 현실의 집착을 비우고 하느님으로 채움으로써 이뤄진다. 주님과의 만남은 인간적인 결핍을 뛰어넘는 기쁨과 자유를 누리게 한다.

예수님은 사람들을 구원하기 위하여 자신의 것을 다 내어놓고 종의 신분을 취하셔서 우리와 똑같은 인간이 되셨다. 그것은 우리를 사랑하셨기 때문이다. 우리도 우리와 똑같은 모습으로 오신 예수님의 사랑을 간직하고 우리 가정을 복음화하고 어려운 사람들에게 다가가기로 하자. 그리고 고통받는 세상에서 희망의 표지가 되어 인간의 존엄성과 생명을 지키고, 하느님의 정의와 평화를 이루는 데 적극 협력함으로써, 그리스도의 인자하신 얼굴을 세상에 보여 주기로 하자.

요즘 나와 우리 가정은 어떤 어려움을 겪고 있는가?

내가 겪는 갖가지 어려운 상황에서도, 주님께서 나를 사랑해 주심을 느끼는가?

우리를 구하시기 위해 오신 예수님의 사랑에 힘입어 내가 겪고 있는 어려움을 어떻게 복음화하겠는가?

23
목마르다

이웃 사랑 – 마더 데레사(아녜스 곤히아 브약스히야, 1910~1997)
소재건(알로이시오 슈월츠, 1930~1992)

현장에서

어떤 사람들은 불평등한 사회 환경이나 분배 구조 등은 전혀 고려하지 않고, 가난한 사람들이 게으르고 성실하지 못해서 그런 것이라고 생각한다. 심지어는 가난은 자기 탓이기 때문에 도와줄 필요조차 없다고 여긴다.

영성 말씀

우리의 목적은 인간을 향한 사랑의 행위, 그중에서도 가장 소외된 작은 자들을 위한 헌신의 삶으로써 십자가에 달리신 예수 그리스도의 무한한 목마름을 채워 주는 것이다. 우리는 가난한 사람들 안에 계신 예수님을 위해 일하고, 그분을 간호해 주고, 그분께 먹을 것을 주며, 옷을 입혀 주고, 그분의 고통에 동참하면서 그분을 방문한다. – 마더 데레사

하느님은 우리가 행복 없이는 살 수 없음을 알고 계십니다. 하느님은 우리에게 적당한 양, 적당한 종류의 행복을, 시련과 고난을 겪기 전이나 겪는 중이나 혹은 겪고 난 뒤에 주십니다. 그러나 하느님은 우리가 필요한 양의 행복만을 주십니다.

― 소재건

생애와 영성

아일랜드 로레토 수녀회의 마케도니아인 데레사 수녀는 '가난한 사람들 중에서도 가장 가난한 사람들 가운데에 계신 하느님을 섬기라'는 소명을 받고 1950년 인도 콜카타에서 '사랑의 선교 수녀회'를 창립했다. 교사 생활을 하다가 빈민가의 대모가 된 데레사 수녀는 무슨 일을 하느냐가 아니라, 예수 그리스도를 위해 그 일에 얼마나 많은 사랑을 쏟는가가 중요하다고 말했다.

데레사는 가난을 기쁨과 자유로 표현한다. "감사합니다."란 말을 남기고 죽어 간 여인에게서, 데레사는 그녀가 가난했기에 진정으로 감사할 수 있었다고 말했다. 수도자는 무엇을 가지지 않거나 가질 수 없다는 처지에 놓인 것이 아니라, 하느님을 사랑하기 때문에 아무것도 갖지 않기로 가난을 서약하고, 주인인 예수 그리스도의 뜻대로 쓰이도록 순명을 서약한다고 했다. 그럼으로써 수도자는 자유로울 수 있다고 했다.

미국인 소재건(알로이시오 슈월츠) 몬시뇰은 1961년 워싱턴에 민간 원조 기관인 한국 자선회를, 1964년 부산에 '마리아 수녀회'를 설립했다. 그는 "가난한 이들은 예수님이 살아 계시는 감실이 되었습니다."라고 하면서, 가난한 이들에 대한 봉사를 하나의 성사로 여겼다. 전쟁 고아와 불우한 청소년들을 위해 서울과 부산에 소년의 집을 세우고, 무료 자선 병원인 구호 병원(부산)과 도티 병원(서울)을 세웠으며, 1981년 부랑자들을 위한 시설인 서울 시립 갱생원을 위탁받아 운영하면서 남자 수도회인 '그리스도회'를 설립했다. 훗날 여성 수도회인 '마리아 수녀회'는 필리핀과 멕시코, 과테말라, 브라질로 확산되었다.

그는 수도자들에게 정결과 가난, 순명의 3대 서원에, 그리스도의 이름으로 가난한 이들에게 봉사하겠다는 서원과 하루 세 시간 기도하겠다는 서원을 추가했다. 그는 가난한 이들을 헌신적으로 사랑하는 것이 첫째가는 기적이며, 법과 규칙은 사랑과 자비와 봉사의 법과 규칙이 되어야 함을 강조하면서, '하느님을 즐거운 마음으로 섬기자'고 했다.

영성 살기

어려운 상황에 처한 사람들을 바라볼 때면 놀라게 되고, 마음이 아파 고개를 돌리게 된다. 그 상황이 내가 생각하고 경험한 것에 비해 처절하고 끔찍하기도 하지만, 내가 감당하기 힘들다고 여겨 본능적으로 피하게 되는 것이다.

곤란을 겪고 있는 이들은 자신들의 탓도 아닌데 사람들이 자신들을 피하는 모습에 이중고를 겪는다.

그런데 영성가들은 다른 사람들이 피하려고만 하는 이들에게 다가가서 사랑을 베푼다. 그들은 어려움을 겪고 있는 사람들 안에서 부르시는 주님의 호소를 들었다. 그리고 그 사람들 안에 숨어 계시는 주님의 모습을 발견할 수 있었기 때문에, 그분들은 다른 사람들이 피하는 사람들에게 기꺼이 다가갈 수 있었다. 나를 사랑하시는 주님께 감사드리고 보답하는 마음으로 어려운 일을 겪고 있는 이들에게 기꺼이 다가가기로 하자.

지금 내 주변에서 어려움을 겪고 있는 사람들이 있는가?
하느님께서 지금 내가 돌보라고 내 눈에 띄도록 하신 이들이 있는가?
나는 그 사람들을 통해 주님의 부르심을 듣는가?
내가 주님의 사랑에 힘 입어 그 사람들의 어려움을 함께 나눌 수 있는 일은 무엇인가?

24
겸손하고 가난하게 하느님 사랑을 살아라

겸손과 가난 – 선종완 라우렌시오(1915~1976)

현장에서

어떤 사람들은 사회에서 살아가려면 다른 사람들에게 나를 알리고 나의 가치를 전해야만 인정받으며 잘 살 수 있다고 생각한다.

영성 말씀

언제나 침묵 중에 주님과 대화하면서 기도하고 일하십시오.

물질이 풍부한 데는 나태가 찾아 들어오고 수고를 기피하고 노동을 천시하게 마련이다. 그래서 정신적으로 가난하다는 서원으로 만족하지 말고 실제로 가난을 체험하여 극기의 생활을 함으로 희생의 제물이 되어 그리스도를 본받고 세상에 소금이 되고 빛이 되려는 것이다.

기도 없는 노동은 무의미하며 또한 노동 없는 기도만으로는 생활할 수 없다. 노동보다 기도가 첫째고 노동일은 둘째이다. 항상 기도하는 정신으로 노동해야 한다. 그러므로 끊임없이 기도하며 노동을 게을리 말라. 노동을 해야 하지만 하느님의 말씀에 귀를 기울여야 하고 마리아와 마르타같이 기도 정신 안에서 노동함으로써 육체의 건강을 유지한다.

하느님을 위해 할 일은 너무 많습니다. 한가하게 지낼 시간이 없습니다. 하느님을 사랑하기 위한 여러 가지 일들이 많이 쌓여 있습니다. 세상은 꿈처럼 지나가는 것입니다. 우리는 육신을 먹여 살리기 위해 움직이지만 영혼의 건강은 더욱 중요합니다.

생애와 영성

1915년 강원도에서 태어나 1942년에 사제품을 받은 선종완 신부는 9개국어를 하면서 여러 나라에서 성서학과 고고학 및 신학을 연구하여 성경 번역에 힘썼으며 1976년 선종할 때까지 가톨릭대학교 신학대학 교수로 봉직했다. 선 신부는 성경대로 생각하고 성경대로 생활하는 수도회, 모범적인 신자 생활을 수도회 정신으로 삼고 그리스도교 완덕의 길을 닦을 수도회를 구상하여 1960년 '성모 영보 수녀회'를 창설했다.

선 신부는 수녀들에게 검소하고 가난하게 살면서 기도와 노동을 통하여 완덕에 이르도록 하였다. 그는 하느님을 사랑하여 하느님만을 소유하려는 외적인 가난을 바탕으로 내적인 가난인 겸손의 덕을 드러내도록 하였다. 그는 꿈처럼 지나가는 현세에서 잠깐의 기쁨에만 얽매이지 말고, 꿀보다 더 단 주님 말씀을 따라 참생명의 길을 걷도록 했다. 성경을 자주 읽으면 성령께서 지혜를 주시므로, 읽고 또 읽어 그 의미를 알아듣고 삶의 현장에서 증거하라고 했다.

또한 수녀들에게 '우리는 남들이 하는 큰 사업을 하는 것이 아니라 나자렛 성가정의 평범한 모습을 통하여 말씀을 증거하는 생활, 즉 하느님의 영광을 삶 속에서 표현하는 숨은 나자렛 삶을 보여 주는 것이며, 그렇게 하기 위하여 가난하고 겸손하게 살라'고 당부했다.

영성 살기

사람의 가치 평가 기준은 누가 '무엇을 가지고, 어느 자리에서 무엇을 하느냐?'가 아니라, 그가 어떤 사람이냐에 달려 있다고들 한다. 그런데 현 사회에서는 이해관계 때문에 그런 가치가 묻혀 버린 듯하다. 그러나 그가 그 자리에서 떠났을 때, 그리고 이해관계를 떠났을 때, 평소에 그와 함께했던 이들이 그를 다시 찾느냐 찾지 않느냐 하는 것이 그 사람의 가치를 제대로 알 수 있는 뚜렷한 기준일 수 있다. 그러자니 두고두고 이해관계에 얽매여 있도록 하기 위하여, 그 자리를 떠났을 때를 미리 준비하는 꼼수를 쓰는 사람들마저 생기는 형편이다.

같은 자리에서 같은 일을 하여도 그가 어떤 가치관을 가지고 있느냐에 따라 다른 결과를 가져올 수 있다. 그런데 과연 그리스도인은 어떤 가치를 기준 삼아 살아야 하는가? 그리고 그 가치는 어디에서 오는가? 그것은 주님의 말씀이다. 그리스도인의 삶의 가치와 행동의 기준은 그리스도의 말씀이다. 주님께서는 "너희가 나를 사랑하면 내 말을 지킬 것이다."(요한 14,15)라고 하셨다.

성경을 통해 주님의 말씀을 듣고, 기도 중에 들은 말씀의 뜻이 무엇인지 헤아리고, 그 뜻을 구체적으로 어떻게 자신의 삶에 적용할지를 새기고 그 말씀을 실천할 힘을 주님께 청하며, 자신의 일상에서 실제로 실천하여 우리의 삶을 복음의 말씀에 맞춰 살아나갈 때, 우리는 주 예수 그리스도의 제자요 사도가 된다. 이러한 복음의 길이 바로 주님을 증거하는 길이요, 주님의 말씀을 사는 길이다.

요즘 내 마음에 떠오르는 주님의 말씀은 무엇인가?
주님께서는 내가 오늘 겪는 상황에 대해 무엇이라고 말씀하시는가?
주님의 도우심에 힘입어, 내가 오늘 어떤 말씀을 실현하겠는가?

참고 문헌

언제나 기뻐하십시오.
끊임없이 기도하십시오.
모든 일에 감사하십시오.
이것이 그리스도 예수님 안에서 살아가는
여러분에게 바라시는 하느님의 뜻입니다.

(1테살 5,16-18)

참 고 문 헌

남기은 엮음, 《영성의 향기》, 성바오로출판사, 1998.
루이부예, 전달수 역, 《그리스도교 영성사》, 대구효성가톨릭대학교 영성신학연구소, 1996.
박일, 《영성사》, 가톨릭교리신학원, 2006.
박재만, 《영성의 대가들 상·하》, 가톨릭신문사, 2001.
_____, 《영적 지도》, 서울, 가톨릭대학교출판부, 1996.
박현배, 《영성의 향기》, 가톨릭출판사, 2006.
방효익, 《영성사》, 바오로딸, 1996.

2. 성 아우구스티노(성 아우구스띠노 수도회)
드 월, 루이, 조철웅 역, 《성 아우구스티노의 생애》, 가톨릭출판사, 2000.
보르고뇨, C., 성염 역, 《찬양 시편》, 바오로딸, 1995.
봐이스마이어, 요셉, 전헌호 역, 《디다케에서 아우구스티노까지》, 가톨릭출판사, 2002.
아우구스티누스, 김병호 역, 《고백록》, 집문당, 1991.
_____, 최익철 역, 《아우구스티노 성인의 묵상》, 가톨릭출판사, 2007.
줌켈러, 아돌라르 해설, 이형우 역, 《아우구스티누스 규칙서》, 분도출판사, 1990.
택, 티어도르, 황종철 역, 《아우구스티누스가 살아 있다면》, 성바오로출판사, 1993.

127

2. 성 베네딕토(성 베네딕도 수도회, 성 베네딕도 수녀회)

고베르나, 마리아 레지나, 정하돈 역, 《사부 성 베네딕도》, 분도출판사, 1993.
그레고리오 대종, 이형우 역, 《베네딕도 전기》, 분도출판사, 1999.
닉, 왈터, 김윤주 역, 《누르시아의 베네딕도》, 분도출판사, 1980.
드 왈, 에스더, 김한창 역, 《성 베네딕도의 길》, 분도출판사, 2002.
레오, 마리 크리스틴느, 빈츠, 니콜라, 김현주 역, 《사부 성 베네딕도, 강생의 마리아 귀야르, 하느님의 기사 이냐시오 데 로욜라》, 분도출판사, 2002.
발터, 베르니타, 《하느님의 충실성에 의지하여》, 분도출판사, 1996.
성 베네딕도, 이형우 역, 《수도 규칙》, 분도출판사, 1991.
투닝크, 윌프리드, 김 마리로사 역, 《평화의 길》, 분도출판사, 1980.

3. 성 도미니코(도미니코 수도회, 도미니코 수녀회)

도르시, 메리 진, 성 도미니코 선교 수녀회 역, 《성 도미니꼬》, 가톨릭출판사, 1992.
몬쇼, 미카엘, 성 도미니코 선교 수녀회 역, 《성 도미니코와 함께 하는 기도》, 성 바오로출판사, 1996.
브두엘, 기, 성 도미니코 선교 수녀회 역, 《성 도미니코》, 기쁜소식, 1997.

3. 성 프란치스코(작은 형제회)

까레도, 까를로, 장익 역, 《프란치스꼬 저는》, 분도출판사, 2004.
델리오, 일리아, 조원영 역, 《프란치스칸 기도》, 프란치스코출판사, 2009.
리비, 프로스페로, 권숙애, 조원영 역, 《프란치스코와 당대의 평신도》, 재속프란치스코한국국가형제회, 2004.
메리노, 호세, 김현태 역, 《프란치스칸 사상에 비추어 본 인간을 위한 미래 건설》, 분도출판사, 1990.
_____, 김현태 역, 《프란치스칸 휴머니즘과 현대 사상》, 가톨릭대학교 출판부, 1992.

미국 성 바오로딸 수도회, 이미림 역,《되돌려 받은 선물》, 성바오로출판사, 1991.
보도, 머레이, 참사람 되어 친구들 역,《성 프란치스코의 길》, 프란치스칸 사상 연구소, 2003.
_____, 홍윤숙 역,《프란치스코의 여행과 꿈》, 성바오로출판사, 2010.
쇼트, 윌리엄 제이, 참사람 되어 역,《가난과 즐거움》, 참사람 되어, 2008.
얌마로네, G., 윤지형 역,《프란치스칸 영성》, 프란치스코출판사, 2007.
에릭 도일, 정현숙 역,《성 프란치스꼬의 태양의 노래》, 분도출판사, 1986.
엘르와 르끌레, 마리아의 전교자 프란치스코 수녀회 역,《가난한 자의 슬기》, 분도출판사, 1992.
요르겐센, 요한네스, 조원영 역,《아씨시의 성 프란치스코》, 프란치스코출판사, 2006.
이리아르떼, 라자로, 프란치스꼬회 한국 관구 역,《프란치스칸 소명》, 분도출판사, 1997.
이재성 보나벤투라 O.F.M., 고계영 역,《신비가 프란치스코》, 프란치스칸 사상 연구소, 2002.
작은 형제회 한국 관구 역,《성 프란치스꼬와 성녀 글라라의 글》, 분도출판사, 2004.
_____,《성 프란치스코의 잔꽃송이》, 분도출판사, 1975.
_____,《성 프란치스코의 전기 모음》, 프란치스코출판사, 2009.
체세라니, 쟌 바오로 지음, 피에로 벤투라 그림, 백광현 역,《프란치스코》, 생활성서사, 2007.
첼라노, 토마스, 작은 형제회 한국 관구 역,《아씨시의 성 프란치스꼬의 생애》, 분도출판사, 1986.
테스까롤리, 씨릴로, 성염 역,《아씨시의 성 프란치스꼬》, 성바오로출판사, 1981.
프란치스코 교육회관,《말씀과 함께 생활하는 묵주기도》, 프란치스코 교육회관,

2001.
하르딕, 로타 O.F.M., 익산 성 글라라 수도원 역, 《기쁨에 찬 가난》, 프란치스코 출판사, 2005.
하일성, 《아시시 성 프란치스코의 영적인 권고 묵상집》, 프란치스칸 사상연구소, 2002.

4. 성 토마스 모어

모어, 토마스, 성찬성 역, 《고난을 이기는 위안의 대화》, 가톨릭출판사, 2007.
_____, 오국근 역, 《유토피아/베이컨 수필집》, 금성출판사, 1990.
_____ 외, 노재봉 외 역, 《유토피아》, 삼성출판사, 1976.
몬티, 제임스, 성찬성 역, 《성 토마스 모어》, 가톨릭출판사, 2006.
우드게이트, 밀드리드 바이올렛, 김정 역, 《토마스 모어》 성바오로출판사, 1988.

5. 성 이냐시오 로욜라(예수회)

가스파리노, 안드레아, 김레나 역, 《기도의 오솔길》, 이냐시오 영성연구소, 2004.
김상용, 《하느님으로부터의 허기》, 이냐시오 영성연구소, 2008.
디바카, 파르마난다, 심종혁 역, 《내적 인식의 여정》, 이냐시오 영성연구소, 1994.
람베르트, 빌리 S.J., 한연희 역, 《오라 그리고 가라》, 이냐시오 영성연구소, 1995.
_____, 한연희 역, 《현실에 대한 사랑으로》, 이냐시오 영성연구소, 1998.
류해욱, 《自然 산. 들. 호수 그리고 하늘》, 빅벨출판사, 1998.
만나스, 조 S.D.B., 류해욱 역, 《햇살처럼 비껴 오시는 당신》, 이냐시오 영성연구소, 1994.
박종구, 《열정과 회심》, 이냐시오 영성연구소, 2008.
배리, A. 윌리엄, 권영목 역, 《하느님께 마음을 모아》, 이냐시오 영성연구소, 2006.
_____, 김창훈 역, 《하느님과의 만남과 영성 지도》, 이냐시오 영성연

구소, 1998.
배영길, 《삶은 행복한거야》, 이냐시오 영성연구소, 2009.
버간, J.S., 이훈 슈완, 유진희 역, 《사랑에 이르는 기도》, 이냐시오 영성연구소, 2009.
베일, 요셉 외 5인, 류해욱 역, 《오늘날 이냐시오의 영성》, 이냐시오 영성연구소, 1995.
실프, 마가렛, 성은숙 역, 《하느님 뜻을 찾아가는 여정의 15가지 에피소드》, 이냐시오 영성연구소, 2008.
심종혁, 《영신수련의 신학적 이해》, 이냐시오 영성연구소, 2009.
암브루, 아로이시우스 S.J., 김영숙 역, 《주님 저를 받으소서》, 이냐시오 영성연구소, 1999.
유시찬, 《'없는 것' 마저 있어야》, 이냐시오 영성연구소, 2008.
_____, 《한 영신수련》, 바오로딸, 2009.
이상일, 《이렇듯 큰 행복》, 빅벨출판사, 1995.
정규한, 《가슴으로 드리는 기도 1》, 성서와 함께, 2002.
_____, 《가슴으로 드리는 기도 2》, 성서와 함께, 2002.
_____, 《가슴으로 드리는 기도 3》, 성서와 함께, 2005.
_____, 《하느님께 나아가는 세 가지 여행》, 성서와 함께, 2008.
정제천, 《영신수련》, 이냐시오 영성연구소, 2005.
젠슨, 에릭 S.J., 류해욱, 이주연 역, 《대학 기숙사에서》, 이냐시오 영성연구소, 2006.
최시영, 《거저 받은 행복》, 이냐시오 영성연구소, 2007.
카트레트, 후안 S.J., 신원식 역, 《예수회 역사》, 빅벨출판사, 1994.
코원, 메리안 C.S.J., 퍼트렐, 존 캐롤 S.J., 송형만 역, 《은총의 동반자》, 이냐시오 영성연구소, 1997.
터너, J.J., 정제천 역, 《하느님 안에서 나를 발견하기》, 이냐시오 영성연구소, 2008.

테틀로, 조셉 S.J., 류해욱 역, 《일상 삶 안에서의 영신수련》, 이냐시오 영성연구소, 1996.
_____, 성은숙 역, 《사랑의 발걸음》, 이냐시오 영성연구소, 2008.
플레밍, 데이빗 L. S.J., 김용운, 손어진, 정제천 역, 《당신 벗으로 삼아주소서》, 이냐시오 영성연구소, 2008.
하터, 마이클, 유신재, 김두현 역, 《영혼의 메아리》, 이냐시오 영성연구소, 2006.
한국 예수회 역, 《로욜라의 성 이냐시오 자서전》, 이냐시오 영성연구소, 2001.

* 성 이냐시오 영신 수련 피정지
　(서울) 예수회 센터 02-3276-7733
　(수원) 말씀의 집 031-254-8950
　(순천) 예수회 영성 센터 061-804-7000

6. 천주의 성 요한(천주의 성 요한 의료 봉사 수도회)

고헤렐, 클라우드, 산토스, 엘라디오, 천주의 성요한 수도회 한국 관구 역, 《천주의 성요한 성 베네딕도 메니》, 성바오로출판사, 2008.
미상, 천주의 성 요한 생활관 편역, 《좌절과 희망》, 하나醫學社, 1989.
오그레디, 베네딕도, 성염 역, 《천주의 성 요한》, 성바오로출판사, 1975.
천주의 성 요한 수도회, 《성 아우구스띠노 회규 및 천주의 성 요한 서한집》, 천주의 성 요한 수도회, 미상.
천주의 성 요한 호스피탤러 수도회, 《회칙》, 천주의 성 요한 호스피탤러 수도회, 1998.
한상렬, 《천주의 성 요한》, 성황석두루가서원, 1990.

7. 예수의 성녀 데레사(가르멜 수녀회, 가르멜 수도회)

글린, 요셉, 차순향 역, 《영원한 신비가》, 가톨릭출판사, 1991.
르놀, 엠마누엘, 고성 가르멜 여자 수도원 역, 《영성의 대가》, 분도출판사, 1990.

부산 가르멜 여자 수도원 역,《아빌라의 성녀 데레사 소품집》, 분도출판사, 1997.
성녀 예수의 데레사, 서울 가르멜 여자 수도원 역,《創立史》, 한국천주교중앙협의회, 1978,
_____, 서울 가르멜 여자 수도원 역,《천주 자비의 글》, 분도출판사, 1989.
아비벤, 요한, 박병해 역,《아빌라의 데레사와 함께하는 기도》, 성바오로출판사, 1997.
예수의 데레사, 최민순 역,《완덕의 길》, 성바오로출판사, 1984.
_____, 최민순 역,《영혼의 성》, 성바오로출판사, 1970.
오클레르, 마르셀, 부산 가르멜 여자 수도원 역,《아빌라의 데레사》, 분도출판사, 1993.
키르반, 존, 최인숙 역,《아빌라의 데레사와 함께하는 30일 묵상》, 바오로딸, 2003.
한영창,《평신도가 쉽게 읽는 아빌라의 성녀 데레사》, 성요셉출판사, 2005.

7. 십자가의 성 요한

가렛드, 호안, 서울 가르멜 여자 수도원 역,《십자가의 성 요한의 영성》, 가톨릭출판사, 1991,
가르멜 수도회 편,《십자가의 성 요한의 영성 입문》, 크리스챤출판사, 1991.
가르시아, 막시밀리아노 에라이스, 충주 가르멜 여자 수도원 역,《사랑은 사랑으로》, 기쁜소식, 2008.
가브리엘, 부산 가르멜 여자 수도원 역,《사랑에 산다》, 한국천주교중앙협의회, 1989.
대전 까르멜 여자 수도원 역,《교회 박사 십자가의 성 요한 소품집》, 햇빛출판사, 1991.
들레, 알랭, 정대식 역,《신앙의 신비》, 가톨릭출판사, 1994.
_____,《십자가의 성 요한》, 가톨릭출판사, 1981.
라이드, 토머스 M., 서한규 역,《'가르멜의 산길' 학습서》, 겟쎄마니, 2008.

머튼, 토머스, 서한규 역, 《십자가의 성 요한과 진리의 산길》, 바오로딸, 2009.
박병해, 《주님, 저는 당신의 얼굴을 찾고 있습니다》, [발행사 미상], 미상.
성 마리아의 프란치스꼬, 부산 가르멜 여자 수도원 역 《빛나는 밤》, 분도출판사, 1991.
성 요한, 박병해 역, 《영적 찬가》, 만남, 1996.
세제, 베르나르, 이연행 역, 《십자가의 성요한》, 바오로딸, 2007.
십자가의 성 요한, 대전 까르멜 여자 수도원 역, 《십자가의 성 요한 소품집》, 분도출판사, 1977.
_____, 서울 가르멜 여자 수도원 역, 《잠언과 영적 권고》, 가톨릭출판사, 1992.
_____, 최민순 역, 《깔멜의 산길》, 성바오로출판사, 1971.
_____, 최민순 역, 《어둔밤》, 바오로딸, 2003.
윌리암스, 로원, 손주철 역, 《기독교 영성 입문》, 은성, 2001.
짐직, 웨인, 부산 가르멜 여자 수도원 역, 《십자가의 성요한과 함께 하는 기도》, 성바오로출판사, 2000.
채창락, 《사랑의 님이시여 당신을 따르리 사랑의 길로》, 성바오로출판사, 2003.
토넬리에, 콩스탕, 박병해 역, 《십자가의 성 요한과 함께 하는 15일간의 기도》, 기쁜소식, 2003.
한영창, 《평신도가 쉽게 읽는 아빌라의 성녀 데레사》, 성요셉출판사, 2005.

7. 아기 예수의 소화 데레사

가르멜, 크리스토퍼 오마호니, 충주 가르멜 여자 수도원 역, 《예수 아기의 성녀 데레사》, 가톨릭출판사, 1996.
고 수산나, 《하느님의 장미 소화 데레사》, 바오로딸, 2008.
고쉐, G., 부산 가르멜 여자 수도원 역, 《어느 인생 이야기》, 분도출판사, 1990.
꽁브, 앙드레, 부산 가르멜 여자 수도원 역, 《예수 아기의 성녀 데레사의 편지》, 분도출판사, 1994.

구자룡(시몬), 《성녀 작은꽃 데레사》, 성황서두루가서원, 1990.
대전 갈멜 수녀회 편역, 《성녀 소화 데레사의 마지막 남긴 말씀》, 한국천주교중앙협의회, 1976.
데레사, 안응렬 역, 《갈멜의 小花》, 경향잡지사, 1954.
_____, 안응렬 역, 《성녀 예수 영해 데레사 자서전》, 경향잡지사, 1960.
뒤크로크, M.P., 전유미 역, 《예수 아기의 성녀 데레사》, 성바오로출판사, 1991.
드 메스떼르, 콘라드, 대전 가르멜 여자 수도원 역, 《빈손》, 가톨릭출판사, 1986.
_____, 정대식 역, 《소화 데레사 성녀의 사랑의 노래》, 가톨릭출판사, 1994.
르노, 엠마누엘, 서울 가르멜 여자 수도원 역, 《자비하신 사랑에의 봉헌》, [발행사 미상], 1995.
리아그르, 부산 가르멜 여자 수도원 역, 《작은 이여, 나에게로 오라》, 분도출판사, 1992.
_____, 한공렬 역, 《아기 예수 데레사의 정신》, 가톨릭출판사, 2002.
모리 가즈히로, 부산 가르멜 여자 수도원 역, 《작은 거인》, 계성출판사, 1989.
박병해, 《사랑의 박사 아기 예수와 성면의 데레사》, 만남, 1997.
_____, 《아빌라의 성녀 데레사 자서전 안에서 하느님 사랑의 체험》, 기쁜소식, 1995.
부산 성요셉 가르멜 여자 수도원 엮음, 《리지외의 성녀 데레사》, 분도출판사, 1996.
슈퇴커, 모니카 마리아, 정복례 역, 《장미비, 스물넷의 약속》, 바오로딸, 2003.
시온, 빅토르, 서울 가르멜 여자 수도원 역, 《예수 아기의 데레사 성녀와 함께 하는 기도의 길》, 가톨릭출판사, 1997
아기 예수의 데레사, 이연행 역, 《노란수첩》, 생활성사사, 2006.
안응렬 역, 《성녀 소화 데레사 자서전》, 가톨릭출판사, 1991.
예수 아기의 성녀 데레사, 가르멜 수녀회 역, 《백조의 노래》, 한국천주교중앙협의회, 1970.

_____, 연공흠 역, 《예수 아기의 성녀 데레사의 시집》, [발행사 미상], 미상.

오마호니, 크리스토퍼, 충주 가르멜 여자 수도원 역, 《예수 아기의 성녀 데레사》, 가톨릭출판사, 1996.

요한 바오로 2세, 박병해 역, 《요한 바오로 2세 교황의 사목 교서 교회 박사 리지외의 데레사》, 만남, 1997.

장락, 신원식 역 《보라꽃》, 리지외 가르멜 수녀원, 1994.

치폴로, 앤서니, 장말희 역, 《소화 데레사와 함께 기도하는 한 시간》, 성바오로, 2008.

키르반, 존, 대전 가르멜 여자 수도원 역, 《소화 데레사와 함께하는 30일 묵상》, 바오로딸, 2008.

8. 성 빈첸시오 아 바오로(성 빈첸시오 아 바오로 사랑의 딸회, 성 빈첸시오 아 바오로회)

김일환(요셉), 《성 빈첸시오 아 바울로》, 성황석두루가서원, 1985.

다케노 게이사쿠, 김광현 역, 《성 빈첸시오 아 바울로》, 성바오로출판사, 1993.

멀로니, 로버트, 박문수 역, 《성 빈센트 드 뽈의 길》, 가톨릭출판사, 2001.

메자드리, 루이지, 정동훈 역, 《성 빈센트 드 폴》, 가톨릭출판사, 2007.

메케나, 토마스, 권원중 역, 《성 빈첸시오 드 폴과 함께 드리는 기도》, 성바오로출판사, 2002.

성 빈첸시오 아 빠울로회, 《성 빈첸시오 아 빠울로회 회칙과 그 해설》, 한국천주교중앙협의회, 1970.

앤, 베티, 김승혜 통역, 《동서양의 시각에서 본 성 빈첸시오와 성녀 루이즈의 영성》, 영성생활, 2007.

오끌레르, 마르셀, 안응렬 역, 《이웃 사랑의 사도 바울로의 빈첸시오》, 분도출판사, 1982.

9. 루이 쇼베(샬트르 성 바오로 수녀회)

클로드 마레쇼, 샬트르 성바오로수녀회 역, 《행위를 잘하기 위한 교훈서》, 나눔커뮤니케이션, 2007.

10. 성 유중철 요한과 성녀 이순이 루갈다

김옥희, 《순교자 이순이 루갈다의 삶과 그 영성》, 한국학술정보, 2007.
김진소, 양희찬, 변주승 역, 《이순이 루갈다 남매 옥중 편지》, 천주교호남교회사연구소, 2002.
_____, 《이순이 루갈다 남매 옥중 편지》, 디자인흐름, 2009.
한국순교자영성연구소, 《한국 순교자 영성의 어제와 오늘》, 한국학술정보, 2007.

11. 쟌 쥬강(가난한 이들의 작은 자매회)

가난한 이들의 작은 자매 역, 《쟌 쥬강, 가난한 이들의 작은 자매회 창립자》.
가브리엘-마리 가론 추기경, 《쟌쥬강의 신앙》, 미상.
로와이에, 으젠, 《비참의 갯벌에서》, 미상.
르클레르, 엘루아, 가난한 이들의 작은 자매회 역, 《사막과 장미》, 바오로딸, 2000.
밀상, 폴, 《쟌 쥬강》, 분도출판사, 1982.
_____, 배성옥 역, 《쟌 쥬강》, 분도출판사, 1996.
_____, 《쟌 쥬강과 드리는 15일 기도》, 미상.
_____, 《쟌 쥬강: 경로 수녀회 창립자》, 미상.
알라르, 엘리사벳, 가난한 이들의 작은 자매 역, 《쟌 쥬강 하신 말씀》, 가난한 이들의 작은 자매회, 1981.

12. 성 정하상 바오로

신대원, 《丁夏祥의 『上宰相書』 연구》, 가톨릭출판사, 2004.
신중신, 《햇불을 든 사람들: 정약종, 정하상 편》, 성황석두 루가서원, 1989.

정하상, 《上宰相書》, 1887.
_____, 《上宰相書》, 亞細亞文化社, 1976.
_____, 윤민구 역, 《上宰上書》, 성황석두루가서원, 1999.
_____, 《(護敎書)上宰相書》, 성지 배론 관리소, 1981.

12. 성녀 강완숙 골롬바
배희길, 《강완숙 골롬바》, 성바오로출판사, 1992.
차기진, 《윤유일 바오로와 동료 순교자들의 시복 자료집 제3집》, 천주교수원교 구시복시성추진위원회, 1998.

13. 성녀 마리 유프라시아(착한 목자 수녀회, 착한 목자 관상 수녀회)
파우워즈, 가브리엘 F., 착한 목자 수녀회 역, 《착한 목자를 따라서》, 가톨릭출판사, 1996.

13. 가경자 메리 포터(마리아의 작은 자매회)
도허티, 패트릭, 마리아의 작은 자매회 역, 《임종자의 벗 마더 메리 포터》, 계성출판사, 1988.
마리아의 작은 자매회, 《죽이는 수녀들의 이야기》, 성바오로, 2003.
마리아의 작은 자매회, 《회헌》, 마리아의 작은 자매회, 2001.
포터, 메리, 성찬성 역, 《마리아의 작은 길》, 기쁜소식, 1993.

14. 성 요한 보스코(살레시오 수도회, 살레시오 수녀회)
돈 보스코, 김을순 역, 《돈 보스코 회상》, 돈 보스코 미디어, 1998.
라핀, 피터, 성염 역, 《돈 보스꼬 이야기》, 가톨릭출판사, 1966.
_____, 《풍부한 유산》, 성바오로출판사, 1991.
렌티, 아서, 강연중, 이선비 역, 《돈 보스코 역사와 정신 1》, 돈 보스코 미디어, 2010.

바르젤리니, P., 성염 역,《노동자의 성인》, 성바오로출판사, 1989.
방경복 글 그림,《요한아 뭘하니》, 다솜, 1998.
베끼, 후안, 서정관 역,《살레시오 청소년 사목》, 돈 보스코 미디어, 1998.
보스코, 테레시오, 살레시오회 역,《돈 보스코와 함께 피정을》, 살레시오회, 1980.
_____, 살레시오회 역,《돈 보스코》, 분도출판사, 1986.
_____, 살레시오회 역,《돈 보스코》, 가톨릭출판사, 1980.
브라이도, 삐에뜨로, 살레시오회 역,《돈 보스코의 교육경험》, 살레시오회, 1990.
살레시오회,《살레시오 성인들》, 돈 보스코 미디어, 2004.
살레시오회,《청소년 교육 돈 보스코와 함께》, 돈 보스코 미디어 1999.
소년 편집부 엮음,《돈 보스코 성인》, 가톨릭출판사, 2000.
암브로지오, 카를로, 살레시오 수녀회 역,《돈 보스코처럼 교육합시다》, 가톨릭출판사, 2007.
애로니카, 폴, 이선비 역,《하느님이 보내신 사람》, 돈 보스코 미디어, 2004.
체리아, E., 서정관 역,《하느님의 사람》, 돈 보스코 미디어, 1999.
카발리아, A., 서정관 역,《살레시오 영성》, 돈 보스코 미디어, 1999.
코넬, W.C., 이선비 역,《돈 보스코 365일》, 돈 보스코 미디어, 2004.
클러더, F.J., 우경민 역,《살레시오와 돈 보스코》, 돈 보스코 미디어, 2000.
파남파라, A., 이선비 역,《예방 교육과 상담》, 돈 보스코미디어, 2000.
푸토타, 벤쟈민, 이선비 역,《예방교육영성》, 돈 보스코 미디어, 1998.

15. 샤를르 드 푸코(예수의 작은 형제회)
김화영,《세상 속의 사막》, 분도출판사, 1998.
마르송, 브누와 외, 김현주 역,《샤를르 드 푸코》, 분도출판사, 2002.
보아욤, 러네, 강우일 역,《사람 서리에서》, 분도출판사, 1982.
예수의 샤를르 드 푸코 작은 형제, 김현주 역,《유일한 본보기》, 분도출판사, 2001.

예수의 아니 작은 자매, 김화영 역,《샤를 드 푸코》, 가톨릭출판사, 2007.
카루주, 미셸, 박갑성 역,《샤를 드 푸코》, 성바오로출판사, 1991.
푸코, 샤를 드, 조안나 역,《사하라의 불꽃》, 바오로딸, 1996.
_____, 이동진 역,《주님과 똑같이》, 해누리, 2005.

* 샤를르 드 푸코의 영신 가족
　예수의 작은 형제회 02-391-3990
　예수의 작은 자매 우애회 02-358-7667
　샤를르 제속 우애회 02-952-5603 / 011-9775-5603

16. 테야르 드 샤르댕

김성민,《생명의 의미와 새로운 그리스도》, 다산글방, 2004.
떼이야르 드 샤르댕, 삐에르, 김진태 역,《세계 위에서 드리는 미사》, 가톨릭대학교 출판부, 2001.
_____, 이병호 역,《그리스도》, 분도출판사, 2003.
_____, 이병호 역,《물질의 심장》, 분도출판사, 2003.
_____, 이병호 역,《자연 안에서 인간의 위치》, 분도출판사, 2006.
_____, 이효상 역,《神의 領域》, 삼성출판사, 1971.
_____, 이효상 역,《인간의 미래》, 삼성출판사, 1971.
_____, 이효상 역,《인간의 출현》, 삼성출판사, 1971.
_____, 이효상 역,《인간의 현상》, 삼성출판사, 1971.
_____, 이효상 역,《한 사상의 탄생》, 삼성출판사, 1971.
_____, 장기홍, 유리나, 박순옥 역,《신의 나라》, 경북대학교출판부, 1998.
_____, 최영인 역,《떼이야르 신부가 장따 여사에게》, 분도출판사, 2002.

월디어스, N. M, 이홍근, 이덕근 역, 《떼이야르 드 샤르댕의 사상 입문》, 분도출판사, 1974.
이덕근, 《떼이야르 드 샤르댕의 세계관》, 분도출판사, 1971.
이홍근, 《떼이야르 드 샤르댕의 영성사상》, 한국천주교중앙협의회, 1976.
코프, J., 《떼이야르 드 샤르댕의 사상》, 성바오로출판사, 1969.
패리시, 로버트, 이홍근 역, 《떼이야르 드 샤르댕의 신학사상》, 분도출판사, 1990.
헴레벤, 요하네스, 김경재 역, 《떼이야르 드 샤르댕》, 한국신학 연구소, 1983.

17. 조셉 까르댕

까르댕, 죠셉, 성찬성 역, 《삶과 마주선 청년 노동자》, 한국가톨릭노동청년회, 1982.
그리폰, 길버트, 이홍근 역, 《노동 청년들의 사제》, 한국 가톨릭 노동 청년회.
오베르, 로저 외, 성염 역, 《노동 청년의 벗》, 가톨릭출판사, 1977.

18. 야고보 알베리오네 (성 바오로 수도회, 성 바오로딸 수녀회, 스승 예수 제자 수녀회, 선한 목자 수녀회)

라메라, 스테파노, 박동욱 역, 《알베리오네 신부》, 성바오로출판사, 1981.
_____, 박동욱 역, 《알베리오네 신부》, 성바오로출판사, 1977.
롤포, 루이기, 박청 역, 《하느님의 사람》, 성바오로출판사, 1985.
알베리오네, 야고버, 성 바오로딸 수도회 엮음, 《나 너희와 함께》, 성바오로출판사, 1993.
_____, 성 바오로 여자 수도회 역, 《당신 은총의 풍성한 부》, 성바오로출판사, 1981.
_____, 성 바오로 편집부 엮음, 《앞으로 전진하십시오》, 성바오로출판사, 2003.
_____, 성찬성 역, 《그리스도 형성될 때까지》, 성바오로출판사, 1982.

_____, 이신자 역, 《모든 것은 시작이신 하느님으로부터》, 성바오로출판사, 1990.

_____, 표동자 역, 《믿음 희망 사랑》, 바오로딸, 1983.

_____, 표동자 역, 《믿음 희망 사랑》, 성바오로출판사, 1983.

_____, 표동자 역, 《보다 드높이》, 성바오로출판사, 1978.

_____, 표동자 역, 《수난과 부활의 신비》, 성바오로출판사, 1972.

19. 목이세 몬시뇰(영원한 도움의 성모 수도회)

이정순, 《목요안 신부》, 영원한 도움의 성모 수녀회, 1994.

_____, 《목요안 신부(Father John E. Morris M. M.)》, 영원한 도움의 성모 수녀회, 1994.

19. 남대영(예수 성심 전교회)

예수성심시녀회, 《남을 생각할 것인데마는》, 예수성심시녀회, 2000.

_____, 《맨 끝자리에 앉으시오》, 분도출판사, 1995.

이광옥, 《끝자리에 앉으시오 3》, 대건출판사, 2001.

20. 방유룡(한국 순교 복자 성직 수도회, 한국 순교 복자 수녀회)

김옥희, 《靈魂의 빛》, 韓國殉教福者修女院, 1980.

방유룡, 《사랑이 사랑을 위하여》, 형제애, 2003.

_____, 《영혼의 빛》, 한국순교복자수녀회, 1980.

이숙자, 《면형무아의 길》, 한국순교복자수녀회, 2006.

이유남, 《한국인의 종교심성과 면형무아》, 가톨릭출판사, 2002.

차 엘리사벳, 김안나 그림 《무아의 향기》, 형제애, 2003.

한국순교복자성직수도회, 《영혼의 빛》, 성요셉출판사, 1986.

한국순교복자수녀회, 《무아 방유룡 레오 안드레아 신부》, 한국순교복자수녀회, 2001.

_____, 《무아 방유룡 신부님의 영적 가르침》, 한국순교복자수녀회.
_____, 《한국순교복자수녀회 창설자 무아 방유룡 신부님》, 한국순교복자수녀회자료실, 1996.
한국순교복자수녀회 60주년준비위원회, 《단상과 명언》, 한국순교복자수녀회, 2006.

21. 윤을수(인보 성체 수도회)

김인숙, 《성체영성시리즈 모음집》, 새감영성연구소, 2007.
윤을수, 《구약약사(Epitome historiae sacrae)》, 성니꼴라오 신학교, 1935.
_____, 《나한사전》, 서울 경향잡지사, 1959.
_____, 《라한대자전》, 성니꼴라오 신학교, 1936.
_____, 《로빈슨크루소(라틴어 역)》, 서울 동성신학교 1936.
_____, 《윤을수신부유고집》, 인보성체수도회, 1983.
_____, 이순희 역, 《한국유교사론》, 인보성체수도회, 2002.
인보성체수도회, 《새감의 얼》, 인보성체수도회, 1984.
_____, 《윤을수 신부 교훈집 새감의 얼》, 인보성체수도회, 1997.
인보성체수도회 새감연구소 엮음, 《그리스도의 참제자 되어》, 가톨릭출판사, 2008.
_____, 《넘치는 행복을 이웃에게》, 가톨릭출판사, 2008.
_____, 《마음 바르게 부지런히》, 가톨릭출판사, 2008.
_____, 《성체의 뜻은 인보》, 가톨릭출판사, 2008.
_____, 《하느님과 함께 사는 법》, 가톨릭출판사, 2008.
_____, 《한없는 사랑의 손길이》, 가톨릭출판사, 2008.
토마스 아 켐피스, 윤을수 역, 《그리스도를 따라》, 가톨릭출판사, 2009.

22. 성재덕(성가 소비녀회)

성재덕, 《성재덕 신부 강론집 나해》, 서울성가소비녀회, 2008.
_____, 《성재덕 신부 강론집 다해》, 서울성가소비녀회, 1996.

_____, 《성재덕 신부》, 서울성가소비녀회, 2004.
_____, 《성재덕(成載德 PIERRE SINGER) 신부 제1집》, 서울성가소비녀회, 1993.
_____, 《성재덕(成載德 PIERRE SINGER) 신부 제2집》, 서울성가소비녀회, 2004.
_____, 《성재덕 신부 서한집 제1집》, 서울성가소비녀회, 1993.
_____, 《성재덕 신부(Pierre Singer) 서한집 제2집》, 서울성가소비녀회, 2003.
_____, 《성재덕 신부 종합 강론집》, 서울성가소비녀회, 2004.
_____, 《소비녀들에게》, 서울성가소비녀회, 2003.
_____, 《수도자 피정과 영성 강의》, 서울성가소비녀회, 2006.

* 성가 소비녀회 참고 자료

'예수 마리아 요셉회'는 월 1회 모임을 갖고 성가 소비녀회의 영성을 배우며, 그 영성을 살아간다. 가정의 성화에 지향을 두고 가능한 범위 안에서 주변의 어려운 이웃들을 위해 봉사 활동을 하고 있다. 참석자들은 이 모임을 통해 가정생활에서의 크고 작은 갈등들을 극복하고 주님의 종의 자세로 가족을 대하면서 가족과의 관계를 긍정적이고 신앙적인 측면으로 바라봄으로써 작은 변화들을 도모한다.

23. 마더 데레사(사랑의 선교회)

김경상, 《캘커타의 마더 데레사》, 눈빛, 2005.
데바난다, 안젤로, 김형민 역, 《우리가 선포해야 할 말씀이신 예수》, 가톨릭출판사, 1996.
바디, 루신다, 황애경 역, 《사랑의 등불 마더 데레사》, 고려원미디어, 1996.
마그렛츠, 맬컴, 함세웅 역, 《인도의 마더 데레사》, 성바오로출판사, 1980.
마더 데레사, 강금희 역, 《Hermeneia Today》, 한국신학정보연구원, 2005.
_____, 김순현 역, 《가난》, 오늘의책, 2008.
_____, 김순현 역, 《아름다운 영혼 행복한 미소》, 오늘의책, 2004.
_____, 김진 역, 《영혼을 울리는 아름다운 사랑》, 오늘의책, 2002.

_____, 김효성 역, 《샘에서 생기를》, 성바오로, 2000.
_____, 박재만 역, 《우리는 사랑을 깨달았습니다》, 성바오로출판사, 1993.
_____, 백영미 역, 《마더 데레사의 단순한 길》, 사이, 2006.
_____, 송병선 역, 《마더 데레사 자서전》, 황금가지, 2005.
_____, 안병철 역, 《화해의 어머니 마리아》, 가톨릭출판사, 1988.
_____, 이해인 역, 《마더 데레사의 아름다운 선물》, 샘터, 2001.
_____, 이해인 역, 《모든 것은 기도에서 시작됩니다》, 황금가지, 2000.
_____, 전민식 역, 《하나님께 드릴 선물》, 금박, 1981.
_____, 지은정 역, 《이보다 더 큰 사랑은 없다》, 바오로딸, 1998.
_____, 지은정 역, 《작은 몸짓으로 이 사랑을》, 바오로딸, 1998.
마르숑, 브누와, 김현주 역, 《캘커타의 성녀 마더 데레사》, 분도출판사, 2002.
베니나트, 베키, 이해인 역, 《따뜻한 손길》, 샘터, 1997.
보스코, 테레시오, 이건 역, 《가난한 이들의 어머니 마더 데레사》, 가톨릭출판사, 2004.
이해인, 《마더 데레사의 아름다운 선물》, 샘터, 2001.
잠머, 마리안네, 나혜심 역, 《마더 데레사 평전》, 자유로운 상상, 2009.
차울라, 나빈, 이순영 역, 《가난한 마음 마더 테레사》, 생각의 나무, 2003.
체세라니, 쟌 바오로, 임원지 역, 《마더 데레사》, 생활성서, 2007.
치폴로, 앤서니, 장말희 역, 《마더 데레사와 함께 기도하는 한 시간》, 성바오로출판사, 2008.
콜로디척, 브라이언, 허진 역, 《마더 데레사 나의 빛이 되어라》, 오래된미래, 2008.
폴, M.K., 장말희 역, 《마더 데레사의 말씀과 일화》, 성바오로출판사, 2008.
폴로, 프란치스코, 양 비안네 역, 《마더 데레사와 함께하는 15일 기도》, 바오로딸, 2006.
헌트, 도로시 S., 문학숙 역, 《사랑은 철따라 열매를 맺나니》, 황금가지, 2008.

23. 소재건 몬시뇰(마리아 수녀회, 그리스도 수도회)

라나다, 지저스-로물로, 박우택 역, 《가난한 사람들에게 바친 열정》, 가톨릭출판사, 2007.
소 알로이시오, 박우택 역, 《가난은 구원의 징표이다》, 가톨릭출판사, 2002.
_____, 박우택 역, 《가장 가난한 아이들의 신부님》, 책으로여는세상, 2009.
_____, 박우택 역, 《굶주린 자와 침묵하는 자》, 가톨릭출판사, 2001.
_____, 김규한 역, 《사는 것이 그리스도입니다》, 마리아수녀회, 1995.
_____, 김규한 역, 《조용히 다가오는 나의 죽음》, 가톨릭출판사, 1995.
제찬규, 《빛 사람 소금사람》, 도서출판 은형, 2003.
호세 알실리아, 박우택 역, 《가난한 사제의 선물》, 가톨릭출판사, 2004.

24. 선종완(성모 영보 수녀회)

선종완, 《구약성서 I: 창세기/출애급기/레위기/민수기/신명기》, 한국천주교중앙협의회, 1959.
_____, 《구약성서 II: 이사야예언서/예레미아예언서/애가/바룩예언서》, 한국천주교중앙협의회, 1963.
_____, 《구약성서 III: 요수에기/판관기/루트기/사무엘전.후서/열왕기3.4》, 한국천주교중앙협의회, 1959.
_____, 《그리스도를 따라서》, 가톨릭출판사, 1977.
_____, 《말씀으로 산 사제 선종완 신부의 공관복음강해》, 성모영보수녀회, 2006.
_____, 《말씀으로 산 사제 선종완 신부의 신약성서 강해》, 가톨릭대학 신학부.
_____, 《민수기, 신명기》, 한국천주교중앙협의회, 1959.
_____, 《사무엘 전후서》, 한국천주교중앙협의회, 1960.
_____, 《성영》, 한국천주교중앙협의회, 1959.
_____, 《열왕기 상,하》, 한국천주교중앙협의회, 1960.
_____, 《예레미아 예언서, 애가, 바룩 예언서》, 한국천주교중앙협의회, 1963.

_____, 《요수에기, 판관기, 루트기》, 한국천주교중앙협의회, 1959.
_____, 《이사야 예언서》, 한국천주교중앙협의회, 1961.
_____, 《창세기》, 한국천주교중앙협의회, 1958.
_____, 《출애급기, 레위기》, 한국천주교중앙협의회, 1959.
성모영보수녀회, 《영성생활》, 성모영보수녀회, 1987.
성모영보수녀회 엮음, 《말씀으로 산 사제》, 바오로딸, 1984.

* 성모 영보 수녀회 평신도 모임
　제3회원: 여성 장년(영보회) - 매월 둘째 주 월요일
　　　　　남성 장년(라우렌시오회) - 매월 첫째 주 일요일

　　서적 이외의 논문과 기사 및 더 자세한 자료는 '천주교 심흥보 신부의 신앙 코너
　　(http://fr.catholic.or.kr/peters1) - 전례와 영성 - 13. 기도와 영성의 현장으로'에서 찾아
　　보실 수 있습니다.